BLOCKCHAIN

Je dédie ce livre à tous les innovateurs, à tous ceux qui pensent que le progrès technique est facteur de progrès pour l'humanité et qui sont prêts à œuvrer dans ce sens.

TABLE DES MATIERES

PREFACE

Bitcoin et par extension la blockchain fascinent - avec un créateur anonyme, Satoshi Nakamoto qui a confié le développement du projet au bon vouloir de l'ordre spontané, des fortunes faites et défaites en quelques minutes, tous les ingrédients sont réunis pour rendre jaloux un producteur hollywoodien. Mais n'assistera-t-on pas juste à une nouvelle étape de l'évolution d'Internet, passant par une répétition en accéléré de sa jeune histoire ?

Internet a rendu possible la diffusion d'information en se reposant sur les efforts du logiciel libre, cette manière différente de penser le développement logiciel, offrant à tous libre de droits la recette de fonctionnement du logiciel, son code source, et encourageant les contributions externes. Il a permis de casser les monopoles des ordinateurs centraux et de permettre à tous de consommer du contenu du réseau ou d'en offrir. Cependant Internet n'a pas été conçu pour garantir la pérennité de cette information ou même de manière générale garantir la participation de n'importe quel acteur. Car les différents protocoles le composant ont été conçus à une époque où les attaques informatiques prenaient essentiellement en compte comme risques des fragmentations du réseau et non des participants malveillants.

Bitcoin utilise une base de logiciel libre pour étendre cette notion de diffusion d'information au transfert de valeur, avec comme principale mission de garantir que personne ne pourra être empêché de participer au réseau. Ce principe qui s'énonce simplement a des conséquences critiques dans les choix de conception du protocole et son évolution. Ainsi selon son domaine de prédilection et sa curiosité on pourra par exemple s'intéresser aux choix techniques permettant d'ignorer des acteurs malveillants, aux mécanismes de récompenses et de punitions économiques permettant d'inciter à participer au réseau, à la responsabilité légale de code autonome permettant d'assurer des opérations financières complexes sur le réseau, à la meilleure expérience utilisateur possible pour gérer ses propres fonds sans intermédiaire en limitant les risques, ou à la gouvernance permettant de faire émerger des choix dans une communauté aux besoins hétéroclites. Ceci parmi de multiples disciplines qui le font fonctionner une fois assemblées correctement.

Le logiciel libre s'est bien intégré dans des architectures propriétaires existantes car son esprit "code ouvert pour tous à condition de participer à l'écosystème" se dilue facilement. De nombreuses licences sont apparues permettant de réutiliser du code libre dans des logiciels propriétaires sans fournir de contributions exploitables. Cela a bien sûr contribué à sa progression, mais a également limité son impact.

La problématique est différente pour Bitcoin car son esprit est profondément ancré dans son fonctionnement. Il est bien sûr possible de réaliser des compromis pour "dompter" une blockchain et l'intégrer dans un environnement propriétaire, mais il est nécessaire de bien comprendre cet esprit afin de faire des choix qui ne rendront pas le projet vulnérable ou vide de sens. On pourra par exemple se demander pourquoi perdre des ressources informatiques et des performances pour se protéger contre une attaque de participants malveillants si tous les participants sont identifiés ?

De la même façon que l'histoire semble bégayer sur Internet - partis des ordinateurs centraux, pour héberger ses propres serveurs, puis ayant confié cette mission à des tiers massifs, et enfin étant revenu aux ordinateurs centraux sur les problématiques d'intelligence artificielle récentes telles que GPT-4 - il est nécessaire de bien s'armer pour lutter contre les sirènes de la centralisation.

L'objectif de cet ouvrage est de vous offrir une vision de l'esprit qui anime Bitcoin, à travers des retours d'expérience concrets afin de vous armer pour faire les meilleurs choix, qui bénéficieront à la fois à votre projet et à l'essor de ces nouvelles technologies.

Nicolas Bacca est un entrepreneur dans le domaine de la sécurité embarquée. Il est cofondateur technique de Ledger, leader mondial des solutions de sécurisation physique auto-souveraines de crypto actifs, et a réalisé la seconde implémentation commerciale des jetons d'authentification physique du standard FIDO Alliance.

1. INTRODUCTION AUX OBJECTIFS DU LIVRE

Utilisons tous la blockchain, mais faisons-le bien en comprenant ce que c'est vraiment

J'en ai eu marre et comme beaucoup d'écrivains, j'écris pour pousser un cri. Une des plus belles inventions de l'humanité ou plutôt de ce siècle est dévoyée par tous ceux qui l'utilisent ou la mentionnent sans la comprendre et sans l'aimer : Il s'agit de la blockchain. Si vous avez ce livre dans les mains - façon de parler probablement car il s'affiche peut-être devant vous sur un écran - c'est que vous avez décidé d'avaler la pilule rouge. Celle qui va vous faire passer de l'autre côté de la matrice. Vous n'acceptez sûrement pas au fond de vous les demi-vérités et les ordres établis. Vous avez un esprit critique qui vous fait grandir et qui souhaite apprendre des choses nouvelles.

Ce livre s'adresse aux bons pirates, ceux qui veulent causer du trouble positif. Il est pour les rebelles de notre société et de nos entreprises qui s'intéressent aux nouvelles formes de fonctionnement pour créer de la valeur.

J'ai choisi le format du livre pour vous expliquer comment cela fonctionne pour la liberté qu'il procure. Prenez ce que vous avez envie de prendre et d'apprendre. Ouvrez et fermez ce livre à loisir et n'ayez aucun complexe à sauter des paragraphes ou à lire les chapitres dans le désordre. La blockchain prône l'anarchie, donc je ne pourrais pas vous enjoindre d'approcher ce savoir d'une autre façon De plus, je vais faire gagner du temps aux plus pressés d'entre vous, avec le "spoiler"/"TLDR"/résumé en une phrase :

La blockchain, et plus précisément Bitcoin, est une révolution. C'est un projet humain pharaonique qui a pour ambition de libérer les individus en leur rendant enfin la liberté sur un moyen d'échanger de la valeur. C'est une révolution transnationale qu'on ne peut stopper. Que vous le vouliez ou non, elle fera partie de vos vies pour les années à venir.

Pour écrire ce livre, je suis partie d'un constat simple :

- Personne ne comprend rien à la blockchain
- De nombreuses entreprises font des projets blockchain

La conséquence de ces deux vérités antinomiques est que les entreprises qui font des projets blockchain font bien souvent n'importe quoi. Elles dépensent des fortunes dans des projets ou au mieux l'impact business est nul, au pire l'impact business est négatif avec une structure de coûts accrue.

Ceci porte préjudice à la technologie blockchain dont la réputation se ternie de mois en mois. Et c'est bien normal. Comment trouver de l'intérêt à une technologie dont vous ne comprenez rien et qui vous coûte une fortune pour un impact business nul ou négatif ?

Et pourtant la blockchain est une vraie révolution. Une révolution dans le sens où elle induit un changement de paradigme pour toutes les organisations humaines. On passe de fonctionnements autonomes c'est à dire qui ne s'appuient plus sur une autorité identifiée mais sur un groupe bien souvent d'anonymes. Et il s'avère que c'est bien plus sûr de fonctionner ainsi car ces anonymes ne sont pas en mesure de compromettre l'information pour deux raisons :

Techniquement, seuls ils ne le peuvent pas

Financièrement, individuellement ils n'y ont pas intérêt

Des modèles mixtes entre autorités et décentralisation tentent d'émerger avec leurs lots de paradoxes et de difficultés opérationnelles. Comment s'entendre ? Et si on s'entend qu'est-ce qui garantit qu'on ne va pas s'entendre pour compromettre la donnée ? Quelle confiance avoir dans ces consortiums s'ils peuvent s'entendre ?

La blockchain pose la question profonde de remplacer le jugement humain par des processus automatisés. Oui c'est beaucoup plus fiable, mais non cela ne s'applique pas à tout. Dans quels cas peut-on remplacer du jugement humain par des règles fixes ? Plus on va avoir un réseau décentralisé, reposant sur de nombreux acteurs, plus les règles seront figés, moins on ne pourra déroger, mais plus la valeur de ce qui y sera inscrit sera forte.

Ce livre s'articule en deux parties. La première vous décrira ce qu'est la blockchain. Je vais rentrer dans un niveau de technicité croissant, et je ne vous le cache pas je vais aller assez loin. Alors je le répète n'ayez pas peur de sauter des chapitres ou de lire ce livre en plusieurs mois, au fur-et-à-mesure que vous plongerez "dans le trou du lapin". Dans la deuxième partie je vais aborder avec pragmatisme comment utiliser la blockchain en entreprise. Mon but ici est de faire voler en éclat toute envie que vous auriez de faire des projets pipeau. Et si tout va bien quand vous fermerez ce livre pour la dernière fois vous aurez dans vos mains un bon nombre de clé pour tirer parti de cette technologie révolutionnaire.

PARTIE I : PRÉSENTATION GÉNÉRALE DE LA BLOCKCHAIN

2. QU'EST-CE QUE LA BLOCKCHAIN CONCRETEMENT ?

Avant de voir les concepts fondateurs de la blockchain, voyons concrètement ce que c'est. Pour ce faire, nous allons passer par une explication technique puis avec une analogie.

A. Explication technique

La blockchain est une technologie qui permet de stocker de l'information de façon extrêmement sécurisée. Grâce à la blockchain on peut avoir des données à la fois publiques et infalsifiables, ce qui est un formidable outil pour créer de la confiance dans les relations entre personnes. La blockchain a été inventée en 2008 par une personne anonyme répondant au pseudonyme Satoshi Nakamoto il a inventé la monnaie numérique de pair à pair appelée Bitcoin.

La blockchain a été créée à l'origine pour établir un grand livre de compte ouvert à tous permettant à des personnes pseudonymes de réaliser des échanges en toute confiance. C'est ainsi que la blockchain Bitcoin est née et perdure encore aujourd'hui. On utilise le terme blockchain pour désigner aussi bien les données que le protocole qui permet de stocker ces données. Le terme vient du fait que les données sont organisées en blocs qui sont liés entre eux par de la cryptographie et de façon séquentielle.

Par le même terme blockchain on désigne deux choses de natures différentes :

- Le registre
- Le protocole

Par registre on entend l'ensemble des transactions. On peut associer cela à une base de données ultra sécurisée même si c'est en réalité une simplification. En effet, une transaction dans Bitcoin est en réalité un mini programme. On stocke donc dans le registre des minis programmes.

Par protocole blockchain on entend la suite de logiciels qui permet de maintenir le registre et de l'enrichir.

La particularité des systèmes blockchain par rapport à des systèmes informatiques classiques c'est qu'on réplique le registre sur de très nombreux serveurs. On appelle cela la **décentralisation**.

Obtenir la même version du registre sur tous les serveurs s'appelle **obtenir le "consensus"**. Le rôle du protocole est de maintenir ce consensus. Raison pour laquelle, vous trouverez à plusieurs reprises dans la littérature et sur Internet le terme "protocole de consensus".

C'est l'obtention de consensus qui fut pendant longtemps impossible. Ou du moins cela fut impossible sans avoir un tiers de confiance. Nous vivons dans un monde de données numériques répliquées dont nous n'avons aucun moyen de savoir si elles ont été modifiées par rapport à un moment donnée à moins d'avoir accès à la donnée telle qu'elle était au début et telle qu'on l'a aujourd'hui. On doit donc "croire" que la donnée que l'on a aujourd'hui est bien identique à celle qui avait été créée à l'origine.

La blockchain change ce paradigme au point de l'inverser. Plus une information dans le registre blockchain est ancienne, plus nous avons de certitude qu'elle soit vraie. Par vrai on entend qu'elle n'a pas pu être "piratée" c'est à dire modifiée après coup. Pour certains cette caractéristique donne de la valeur à l'information. Ces personnes sont d'ailleurs de plus en plus nombreuses chaque jour ce qui par un effet de momentum exacerbe encore plus la valeur de cette information.

Mais créer de l'information infalsifiable cela a un coût. Ce coût est nécessaire car c'est aussi lui qui garantit que l'information soit infalsifiable. Et c'est aussi lui qui donne de la valeur à l'information. L'investissement pour sécuriser la donnée est réalisé par la preuve de travail dans le cas de Bitcoin. Les garants de l'ajout d'information dans le registre, appelés mineurs, ont pour responsabilité de réaliser un travail. Ce travail consiste à dépenser de l'énergie pour que ça devienne trop coûteux par la suite de modifier la donnée.

Dans le cas de Bitcoin ce coût est une dépense d'énergie électrique. Le protocole de consensus repose sur la preuve de travail qui est justement une preuve que l'on a dépensé de l'énergie pour ajouter l'information dans le registre.

A retenir

Le terme blockchain peut désigner à la fois le registre blockchain et le protocole blockchain. Un registre blockchain est un ensemble d'informations, souvent transactionnelles, réparties sur de multiples serveurs et impossibles à corrompre. Un protocole blockchain est un logiciel permettant de maintenir une seule et unique version du registre blockchain sur tous les serveurs qui le contiennent.

Pour aller plus loin

En anglais on voit apparaître le terme de DLT "Distributed Ledger Technology" ou en français Technologie de Registre Distribué. La Blockchain est une forme de DLT particulière dans laquelle les informations sont organisées en blocs chaînés les uns aux autres. La définition donnée ci-dessus est celle d'un DLT mais par abus de langage on emploie le terme Blockchain pour parler de DLT.

B. Analogie

Je vais vous présenter une analogie qui provient du site Collectif BAM. Ils l'ont conçu avec l'aide d'Alexandre Stachtenko de Blockchain France devenu Blockchain Partner. Vous pouvez retrouver une version audio de cette analogie sur la plateforme soundcloud sous l'intitulé "La Blockchain Vaisselle".

Le problème de base

Soit une famille de quatre enfants. Cette famille ne dispose hélas pas de lave-vaisselle, ce qui pour une famille de quatre enfants peut sembler problématique. Par conséquent, les parents souhaitent mettre leurs enfants à contribution en leur demandant à chacun de faire la vaisselle à tour de rôle.

Le problème c'est que les enfants n'ont pas du tout envie de faire la vaisselle. Par conséquent ils sont prêts à tricher, et à dire par exemple qu'ils ont fait la vaisselle quand en fait ils ne l'ont pas fait et qu'un de leur frère ou sœur l'a fait. Imaginons par exemple qu'Alice fasse la vaisselle. Son frère Bob pourrait très bien prétendre que c'est lui qui l'a faite. Le seul moyen pour les parents de vérifier serait d'observer qui fait la vaisselle. Cependant si les parents doivent observer à chaque fois, l'intérêt de faire la vaisselle devient nettement plus limité. Ils pourraient tout aussi bien faire la vaisselle eux-mêmes.

Nous sommes donc dans une situation où la famille se trouve face à un problème de confiance. Ils doivent se faire confiance, mais comment est-ce possible dans un environnement où la triche est possible ? Il leur faut une base de vérité commune, infalsifiable pour les mettre tous d'accord. Il leur faut, vous l'aurez deviné, une blockchain.

La solution

Ils vont donc mettre en place une blockchain. Leur idée est d'utiliser un tube en plastique transparent dans lequel chaque enfant mettra un jeton de sa couleur lorsqu'il aura fait la vaisselle. Ainsi on devrait observer une alternance des quatre couleurs dans le tube. Et en un clin d'œil les parents pourront vérifier que les enfants ont bien respecté la règle de se partager la corvée de vaisselle.

Ce tube étant une vérité commune, visible de tous, a donc les caractéristiques d'une blockchain pour créer de la confiance dans la famille. Cependant il lui manque une caractéristique essentielle… La protection contre la fraude ! En effet qu'est-ce qui empêche un enfant de mettre un jeton sans avoir fait la vaisselle ? Ou pire de prendre le jeton d'un de ces frères et sœurs et de le remplacer par un jeton à soi ?

C'est la raison pour laquelle ce tube est équipé de quatre cadenas à son sommet. Pour pouvoir ajouter un jeton il faut ouvrir les quatre cadenas. Pour chaque cadenas un enfant a une clé. Pour ajouter un jeton dans le tube, les enfants doivent donc tous les quatre être d'accord.

Pour ajouter un jeton, chaque enfant doit obtenir le consensus : l'accord de tous les enfants

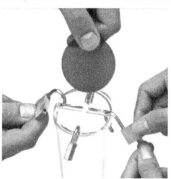

Ainsi lorsqu'un jeton est ajouté dans le tube on peut considérer que c'est la "vérité", car il a été ajouté suite à l'accord d'un consensus : les quatre enfants étaient d'accord.

Messages clés

Dans cet exemple on arrive à faire fonctionner une organisation de manière décentralisée. Au lieu de se reposer sur l'autorité parentale qui donne l'ordre à chacun des enfants de faire la vaisselle, grâce à une référence de vérité commune les enfants s'organisent entre eux. C'est une bonne analogie de l'objectif de désintermédiation de la blockchain, i.e. l'objectif de supprimer des intermédiaires dans les relations entre personnes.

On retrouve les éléments qui permettent de créer la confiance dans ce système : le fait que les données soient inaliénables et vérifiables par tous. Les données sont inaliénables car les jetons sont empilés les uns sur les autres, comme les blocs d'une blockchain. Il est donc d'autant plus difficile de modifier une donnée ancienne, car il faudrait déplacer tous les jetons d'après.

Dans le cas d'une blockchain, modifiez tous les blocs suivants. L'aspect inaliénable est également assuré par la protection cryptographique matérialisée par les cadenas. L'aspect vérifiable par tous est lui assuré par la transparence du tube.

C. Extension et différence entre blockchain privée et publique

Le risque dans notre système c'est qu'il ne repose que sur quatre personnes.

Dans l'exemple exact de BAM, ils disent qu'il faut "une majorité" d'enfant pour ouvrir le tube, et non pas tous. Ils font référence en cela au risque de 51% dans les blockchains. Si plus de la moitié du réseau veut le compromettre il le peut. Cela peut se comprendre par le fait que la vérité peut à long terme être imposée par une majorité et non forcément une unanimité, car un biais même faible deviendra majoritaire et donc la vérité commune. En pratique les blockchains fonctionnent à l'unanimité de la vérité, tous les acteurs possèdent bien la même version de la blockchain.

Dans notre exemple de corvée de vaisselle, il serait possible que trois enfants décident de compromettre le système en trafiquant les jetons afin de faire croire au quatrième enfant que c'est son tour de faire la vaisselle alors que ce n'était pas le cas. A trois c'est possible. Mais dans le cas réel des blockchains publiques il ne s'agit pas de trois personnes mais de milliers de personnes, qui de plus, ne se connaissent pas et ne se parlent pas. Cela devient donc en pratique impossible au sens "très peu probable" que le système soit compromis tant que la décentralisation est suffisante.

Dans le cas d'une blockchain privée, c'est à dire d'une blockchain qui n'est hébergée et maintenue que par un nombre restreint d'acteurs qui se connaissent bien souvent, il leur est en pratique possible de compromettre la donnée. Si cela est possible, en quoi peut-on faire confiance à ce système ? Quand bien même ils ne le feraient pas, le seul fait que ce soit possible réduit fortement la confiance dans le système. Dans le cas des enfants, un élément de rassurance est le fait qu'ils ont des intérêts contradictoires, donc sont peut susceptibles de se mettre d'accord dans l'intérêt d'un seul des enfants.

Les blockchains dites "publiques" sont par définition beaucoup plus rassurantes car incorruptibles. Il est en pratique impossible de mettre suffisamment de personnes d'accord pour compromettre la donnée.

D. Les limites de la blockchain

Cet exemple permet également bien de comprendre les limites de la blockchain. Ce système de tube a un défaut majeur, il est très rigide. Comme on dit "on a les défauts de ses qualités". En effet cette rigidité, c'est également ce qui fait qu'on peut avoir confiance dans ce système.

Qu'est-ce que j'entends par rigidité ? Par rigidité, j'entends le fait qu'on ne puisse pas, ou très difficilement revenir sur une donnée passée, en l'occurrence le fait d'avoir mis un jeton. Si on a accepté d'ajouter un jeton mais qu'après coup on réalise qu'en fait le frère ou la sœur n'avait pas fait la vaisselle, il sera très difficile de revenir en arrière car il faudrait mettre d'accord tous les frères et sœurs pour le faire. Dans le cas d'une blockchain publique c'est encore plus difficile et dans le cas d'une blockchain privée c'est par contre plus facile. Mais cette rigidité est exactement corrélée à la confiance que l'on peut avoir dans la donnée qui est enregistrée.

Ce système est rigide et ce système a vocation de ne pas laisser de place au jugement humain. Ce système permet de « notariser » ou d'ancrer dans le marbre. Cependant, il ne permet pas de décider de ce que l'on souhaite justement ancrer dans le marbre.

Supposons par exemple qu'un des enfants, disons Alice, décide d'acheter à un autre enfant, disons Bob, un sac de bille contre 10 corvées de vaisselle. Ils vont se mettre d'accord entre eux "off chain" c'est à dire dans la vraie vie. Si Alice après avoir réalisé les 5 premières corvées de vaisselle décide d'arrêter elle peut le faire. On aura la trace comme quoi elle n'a pas fait les 10 corvées de vaisselle promises, mais Bob n'aura pas de recours possible pour la forcer à faire les 5 autres.

Il devra trouver des recours autres que la blockchain, potentiellement passer par un tiers comme les parents. On voit bien dans cet exemple que la blockchain seule ne suffit pas à mettre tout le monde d'accord. En plus de la blockchain on aura toujours besoin de moyens de contractualisation et de vérifications traditionnelles.

Pour autant lorsque l'on s'est mis d'accord, avoir gardé une trace infalsifiable de cet accord peut être extrêmement utile après coup. Cela constitue ce que l'on appelle des preuves. La blockchain est une technologie qui permet de constituer des preuves qui favorisent la confiance dans les échanges.

A retenir

La blockchain est moyen technique de se créer une base de vérité commune et transparente. Plus elle est décentralisée, plus cette base de vérité devient rigide et donc fiable. Cette base de vérité commune est un formidable instrument de confiance entre les personnes.

3. UNE EXPLICATION CONCEPTUELLE DE CE QU'EST LA BLOCKCHAIN

Voici un exemple pour comprendre ce qu'est une blockchain. Imaginons une conversation entre un utilisateur d'une blockchain et la blockchain qui lui répond :

[Exemple 1]

- Puis-je dépenser ceci ? [Question d'un utilisateur d'une Blockchain]

- Oui car nous avons bien la preuve que tu possèdes ceci. [Réponse de la Blockchain]

A l'aide de cette conversation fictive nous allons comprendre les concepts fondamentaux derrière la technologie blockchain.

Vérité

La blockchain confirme la demande et l'exécute car elle possède une preuve qu'elle peut le faire. Tout le fonctionnement d'une blockchain repose sur des preuves qui permettent d'attester d'une "vérité".

La première chose à comprendre concernant la blockchain est qu'elle permet de créer une vérité numérique. La blockchain contient des données qui à l'inverse du cours de l'histoire sont de plus en plus vrai au fur et à mesure qu'elles sont anciennes. Cela signifie que nous sommes encore plus sûrs de la véracité de la donnée quand elle est ancienne.

Mais en pratique, même les transactions enregistrées récemment, il y a quelques minutes par exemple, sont fiables car pour corrompre ces données cela demanderait beaucoup trop d'effort pour que ce soit rentable.

De plus, une fois les données corrompues la confiance entre les utilisateurs seraient rompue et donc la valeur de ce que vous auriez volé s'effondrerait. Voilà comment fonctionne cette technologie, elle combine une communauté par la "décentralisation" avec de la "cryptographie" pour sécuriser la donnée et permet ainsi de rendre le livre de compte ouvert et transparent.

Ceci permet de créer une vérité numérique. Vérité au sens où personne ne peut remettre en question ce qui est dans une blockchain car tout le monde y a accès. C'est une vérité pour tous car elle est visible est vérifiable.

Cette vérité est garantie par la transparence, la décentralisation et la cryptographie. Ces trois concepts interagissent pour apporter cette révolution de la donnée, celle de la donnée infalsifiable après coup ou comme on dit communément "ancrée dans le marbre".

Transparence

La transparence c'est le fait que le livre de compte ou registre blockchain soit accessible sur Internet et visible par tous ou au moins par toutes les parties concernées. Le fait que l'information soit visible la rend vérifiable et en fait un outil de confiance. Imaginez que dans votre entreprise tous les salaires des employés soient visibles sur un site accessible par tous les employés.

Si votre patron vous affirme qu'il ne gagne pas plus de 25 fois le salaire le plus bas de l'entreprise, vous pouvez le vérifier par vous-même, et donc avoir confiance en cette assertion. Cependant l'inconvénient d'une donnée rendue publique c'est qu'elle devient beaucoup plus vulnérable aux attaques.

Depuis que vous avez découvert que votre patron gagne 12.5 fois plus que vous, et que vous savez que les salaires sont régis par un système d'information, vous pourriez être tenté de pirater ce système pour vous octroyer une augmentation. Comme les salaires sont visibles de tous, et que tout l'historique est visible aussi, vous le feriez progressivement pour que ça passe inaperçu… Mais si vous pouviez le faire on perdrait toute confiance dans le système.

Ce pourquoi on a besoin des deux éléments suivants pour créer de la vérité numérique en plus de la transparence : cryptographie et décentralisation. J'en profite pour rappeler ici que le moyen le plus simple sinon de rendre votre système d'information sécurisé c'est qu'il soit caché. Dans le cas où vous n'êtes pas transparent sur les salaires vous êtes bien moins exposé au piratage.

Cryptographie

La cryptographie est un domaine scientifique en soi qui s'appuie sur des mathématiques. La cryptographie consiste à chiffrer ou "coder" des données pour que seules les personnes disposant de la clé pour décrypter puisse comprendre le message. Elle sert donc à assurer la confidentialité de l'information entre l'émetteur et le récepteur. Voici un exemple de chiffrement.

[Exemple 2]

Message : HELLO

Message chiffré : ▲⬤✦✦✦

Dans ce cas la clé pour déchiffrer est la suivante :

▲ : H

⬤ : E

✦ : L

✦ : O

La cryptographie permet de sécuriser les données sur une blockchain tout en permettant de garder la transparence de la donnée. Elle a été utilisée pour que l'on puisse s'assurer que les données que l'on a sous les yeux n'ont pas été corrompues et sont toujours intacts. Lorsque l'on reçoit des données chiffrées on peut vérifier en une fraction de seconde que ce sont bien les données que l'on devait recevoir.

A l'inverse pour les déchiffrer on a établi des règles qui rendent cette opération tellement difficile que ça rend très difficile également de pirater la donnée. Ce fonctionnement sera expliqué plus en détail plus loin pour les lecteurs les plus curieux. Un concept cryptographique révolutionnaire a rendu possible la sécurisation de la blockchain, c'est la cryptographie asymétrique [voir encadré sur le sujet].

Décentralisation

Le troisième élément qui rend possible cette vérité numérique est la décentralisation. La décentralisation permet de démultiplier la difficulté pour pirater le système. Concrètement cela consiste à stocker le registre blockchain sur plusieurs ordinateurs. Ainsi pour pirater la donnée, il faudrait pirater tous ces ordinateurs. Ces ordinateurs s'appellent des "nœuds" du réseau. La règle qui a été choisi par Bitcoin est d'avoir une copie de tout ou partie du registre sur ces nœuds. Le rôle du protocole Bitcoin est de faire en sorte que tous ces nœuds aient bien la même donnée, cela s'appelle le "consensus". C'est parce qu'il y a consensus qu'il y a "vérité".

L'objectif du protocole Bitcoin est de faire en sorte que ce consensus émerge sans qu'il n'y ait aucun arbitrage humain à faire. D'autres projets blockchains ont choisi de faire intervenir l'humain pour arbitrer de ce qui serait vrai ou non avec des modes de consensus différents. Dans les deux cas il est bénéfique d'avoir une décentralisation le plus large possible, c'est à dire le plus grand nombre de nœuds dans le réseau, les plus indépendants les uns des autres, pour que cette vérité soit reconnue.

Prenons la contraposée. Prenons une blockchain qui repose sur 2 nœuds, soit 2 ordinateurs. Supposons que ces 2 ordinateurs soient contrôlés par 2 personnes différentes, chacune contrôlant un des ordinateurs. Si ces personnes souhaitent modifier l'information qui se trouve sur la blockchain, il leur suffit de se mettre toutes les deux d'accord pour le faire. Si elles étaient plus nombreuses, disons 10 personnes, on imagine que cela deviendrait beaucoup plus difficile de se mettre d'accord sur tout. Cela deviendrait même impossible dans le cas où on aurait plusieurs milliers de nœuds comme dans le cas de Bitcoin.

Pour qu'une vérité émerge il doit y avoir consensus donc unanimité au sens où tous les ordinateurs doivent contenir la même donnée. Cette vérité sera d'autant plus fiable au sens incorruptible et non corrompue à l'origine s'il y a de nombreux nœuds dans le réseau. Car il est beaucoup plus difficile de corrompre plusieurs personnes plutôt qu'une.

Certaines blockchains comme Bitcoin font même un choix encore plus ambitieux en rendant le réseau "non permissionné". N'importe qui peut créer un nœud et participer au consensus. Le réseau peut donc continuer à grandir et la décentralisation est ainsi assurée. Ceci contribue à donner de la valeur à cette information de par uniquement son caractère incorruptible. Cette valeur créée est la raison pour laquelle on fait l'effort de dupliquer la donnée ce qui, vous vous en doutez, est coûteux. Répliquer l'information sur des milliers de serveurs et s'assurer qu'ils ont tous la même donnée en permanence est très coûteux, mais c'est le prix à payer pour créer de la vérité numérique.

La cryptographie asymétrique

Il s'agit d'une méthode pour chiffrer de la donnée qui a l'avantage de garantir de la provenance de la donnée ainsi chiffrée. Dans le cas d'une cryptographie symétrique, la personne chiffrant le message et son destinataire utilisent la même clé de codage-décodage. Si on reprend l'exemple 2, la clé c'est la correspondance entre les lettres de l'alphabet et les symboles. On utilise cette même clé pour chiffrer et pour déchiffrer un message. Dans la cryptographie asymétrique on a deux clés distinctes pour chiffrer et pour déchiffrer. Ces clés sont : la "clé privée" pour le chiffrement, et la "clé publique" pour le déchiffrement - ou inversement. Si Bob utilise la clé privée pour chiffrer son message à Alice, Alice pourra le déchiffrer en utilisant la clé publique correspondante.

L'inverse est également vrai. Si un message est chiffré avec une clé publique, il ne pourra être déchiffré qu'avec la clé privée. Le grand avantage de la cryptographie asymétrique est que Bob peut garder secrète sa clé privée et ainsi prouver qu'il a chiffré le message lui-même. En effet, si Alice reçoit un message, et qu'elle arrive à le déchiffrer avec la clé publique de Bob, elle sait que c'est bien Bob qui a chiffré ce message. En effet seul le détenteur de la clé privée correspondante pouvait chiffrer le message. Et normalement Bob a du garder sa clé privée secrète. Seul Bob a donc pu chiffrer ce message. La cryptographie asymétrique est utilisée en blockchain pour s'échanger des Bitcoins.

L'adresse à laquelle on envoie des Bitcoins est une clé publique, mais seul le détenteur de la clé privée correspondante peut dépenser les Bitcoins qui y sont associés. Un des enjeux de la blockchain aujourd'hui est d'associer des identités à des clés privées. Comment garantir que le détenteur de la clé privée est bien la personne ou l'entreprise qui déclare l'être ? Avec des systèmes de ce genre on pourra bientôt faire évoluer le rôle des notaires car nous n'aurons pas besoin de la présence physique dans une pièce avec une personne assermentée pour certifier une signature.

Liberté

Liberté est un concept fondamental pour comprendre la blockchain, car il est au cœur de l'intention derrière cette technologie. Pour cette raison on retrouve de nombreux "libertariens" dans la communauté blockchain.

Cash

Regardons encore en détail l'exemple 1 cité plus haut. "Nous avons bien la preuve que tu possèdes ceci" : cette phrase signifie que l'utilisateur possède effectivement quelque chose du point de vue de la blockchain. Or aujourd'hui dans nos sociétés pour posséder quelque chose d'important : de l'argent sur un compte en banque ou un appartement par exemple, nous devons nous appuyer sur des institutions qui remontent toutes à l'État. Ainsi l'ensemble de nos possessions sont en fait des droits de posséder allégués par des États. Faites un pas de travers et vous vous verrez confisqué ces biens sine die. Posséder sans que l'État ne décide qu'on le possède, c'est ça la vraie révolution apportée par Bitcoin.

Peu l'expriment en ces mots, cependant Bitcoin a été créé pour inventer "A peer-to-peer electronic cash system". Focalisons-nous ici sur le choix du mot "cash". Oui c'est du cash, comme celui qu'on l'on a dans son porte-monnaie. Si j'ai un billet de 50€ dans mon porte-monnaie il est à moi car je peux en disposer comme je le souhaite. C'est une ambition différente de celle d'être une monnaie bien qu'aujourd'hui l'ensemble de l'écosystème "crypto" préfère utiliser le terme de "cryptomonnaies". Le cash de votre porte-monnaie ne peut pas être confisquée par l'État, à la différence de celui sur votre compte en banque. Il en va de même pour les Bitcoins que vous possédez dans votre porte-monnaie virtuel appelé "wallet".

En revanche, si vous oubliez votre porte-monnaie sur la terrasse d'un café et qu'un voleur s'empare des 50€ qu'il contenait, vous n'avez pas de recours technique pour récupérer votre argent. C'est la même chose avec Bitcoin. Si en revanche vous vous faite voler votre carte bleue, vous pouvez activer des recours avec votre banque qui pourrait même vous rembourser les fonds qu'on vous a volé.

Dans le cas de Bitcoin, il n'existe aujourd'hui pas ou très peu d'entreprises qui puissent remplir la fonction de banque ou d'assurance pour vos biens. Certaines remplissent ces fonctions mais sans fournir les garanties que fourniraient des banques qui sont par ailleurs partenaires de nos États. Cela est cependant en train d'évoluer, et de nouvelles sociétés viennent remplir ce rôle on les appelle des "custody".

Confidentialité

Reprenons encore une fois l'exemple 1 cité plus haut. Quelles conditions sont demandées par la blockchain pour vous autoriser à effectuer cette dépense ? Une seule, posséder suffisamment de fonds. Si vous avez déjà essayé d'effectuer un virement en Estonie ou de retirer plus de 10000€ en cash, vous remarquerez que votre banquier, lui, vous pose des questions. Des questions très personnelles même. Il en va de même des marchands sur Internet qui vous demandent votre adresse et des moyens de vous identifier pour vous autoriser à acheter leurs biens. Si vous allez à l'hôtel, on vous demandera une pièce d'identité en arrivant. Toutes ces requêtes sont des freins à notre liberté fondamentale de pouvoir disposer de ce que nous possédons comme nous le souhaitons sans devoir nous en justifier.

La blockchain n'a pas besoin de nos informations personnelles car elle n'a pas de comptes à rendre à l'État in fine. Cette préservation de la liberté individuelle passe par la confidentialité. En pratique la confidentialité dans Bitcoin repose sur la pseudonimitée. Pour comprendre ce concept un bon exemple est un forum sur Internet. Une personne qui utilise un pseudo plutôt que son nom est a priori plus difficile à retrouver sauf s'il existe des plateformes en ligne où cette personne donne son nom et y associe ses pseudos. Pour la blockchain le fonctionnement est similaire.

Certaines plateformes d'échanges de cryptomonnaies ont cependant pour obligation légale de vous demander vos informations personnelles pour vous attribuer ensuite un "pseudo" blockchain, qui va être votre adresse publique blockchain pour recevoir vos fonds. La raison à cela est la lutte contre le blanchiment d'argent. En effet, les organisations criminelles cherchent des moyens de dépenser ou de transférer leur argent à l'abri des regards de la police et donc de l'État. Pour cela elles doivent rester anonymes et c'est pourquoi Bitcoin a été utilisé par ces organisations à l'origine.

Cependant, Bitcoin n'est en réalité pas une technologie si favorable au blanchiment d'argent car à la différence du cash physique (les billets de banque), avec Bitcoin il est possible de retracer toutes les transactions et donc de savoir très précisément dans les mains de qui sont passés vos Bitcoin. Dans certains pays qui se sont dotés d'équipes et de capacités d'étude blockchain, Bitcoin est même devenu le meilleur ami de certains enquêteurs.

Pair à pair

Revenons au titre du "white paper" de Bitcoin : "A peer-to-peer electronic cash system". C'est par le concept de "peer-to-peer" ou "pair-à-pair" que Bitcoin devient un instrument de liberté permettant de faire fi des intermédiaires qui capteraient de l'information sans pour autant être concernés par la transaction. Si vous utilisiez Internet dans le début des années 2000 vous savez ce qu'est le peer-to-peer : l'échange de pair à pair. Celui-là même qui a failli tuer l'industrie de la musique grâce au téléchargement illégal. Bitcoin pourrait remplir le même office... pour nos banques et nos États.

Avec Bitcoin, nous possédons et échangeons de pairs à pairs sans obtenir d'autorisation d'aucune institution reliée plus ou moins directement à un État ; nous le faisons en toute liberté. La suppression d'intermédiaire et une forme d'émancipation.

Dans certains pays en situation de stress monétaire, avoir un moyen d'échanger de la valeur qui ne dépende pas d'une monnaie qui perd de la valeur permet de se protéger. Bitcoin est un refuge financier dans certains pays comme le Venezuela.

L'ambition de Bitcoin est de servir le peuple. Il est aujourd'hui démontré que la bancarisation, et plus largement l'accès au peuple à des services financiers de plus en plus diversifiés et un facteur de prospérité.

La liberté de disposer d'un moyen de stockage et d'échange de valeur numérique est facteur de progrès dans une économie capitaliste comme la nôtre. Elle l'est d'autant plus qu'elle est numérique et n'a donc ni frontières ni douanes. Dans des sociétés et des économies reposant de plus en plus sur Internet - soit sur l'échange pair-à-pair d'information - la blockchain apparaît comme indispensable car elle répond à un besoin primordial, celui d'échanger de la valeur de façon dématérialisée et libre.

"A peer-to-peer electronic cash system" est le nom en anglais du "white paper" ou livre blanc rédigé par Satoshi Nakamoto qui décrit le fonctionnement de Bitcoin. C'est dans ce papier de recherche que la blockchain a été inventée en 2009. On pourrait le traduire par : "un système de cash électronique en pair-à-pair".

4. LES DIFFERENTS TYPES DE BLOCKCHAIN

Je vais vous parler ici des différents types de blockchain qui nous entourent. Certaines sont des animaux sauvages, totalement hors de contrôle de qui que ce soit. Ces animaux sauvages sont les blockchains les plus sûres, car le manque de contrôle est gage de leur infaillibilité. D'autres sont plutôt des golems qui tentent de ressembler à des loups mais qui ne sont que les marionnettes d'une poignée de personne. Ces golems sont l'apanage de ceux qui ne veulent pas perdre le contrôle. Ceci distingue les blockchains permissionnées a.k.a. les golems des blockchains ouvertes a.k.a. les animaux sauvages.

A partir de ces animaux sauvages et de ces golems, il est possible de faire des mutations ou plutôt des boutures. Car le code qui les compose est bien souvent open source et peut être copié pour être modifié ensuite. Ce sont les "forks" qui donnent naissance à ces boutures.

Et bien sûr les blockchains ont aussi leurs propres façons de fonctionner, en particulier de former le fameux consensus.

Je vais ici vous décrire un peu cette jungle car vous y serez confrontés assez vite dès que vous partirez en exploration sur les marchés financiers cryptos. Un conseil si vous vous y aventurez, n'oubliez pas de prendre avec vous une machette.

A. Blockchain permissionnée ou ouverte

Une blockchain permissionnée, "permissioned" en anglais, est une blockchain dans laquelle il faut être autorisé par ses membres pour devenir un nœud du réseau. En général on parle dans ce cas de nœud validateur, c'est à dire de nœud jouant un rôle dans le processus de consensus. Il faut demander la "permission" aux membres actuels de devenir un nouveau membre.

Les blockchains ouvertes, "permissionless" en anglais, sont des blockchains dans lesquelles n'importe qui peut devenir un nœud et contribuer au réseau. C'est le cas par exemple de Bitcoin. Le logiciel Bitcoin Core qui permet de faire tourner Bitcoin est en libre accès et n'importe qui peut l'installer et se connecter au réseau Bitcoin.

B. Avantages et inconvénients des deux approches

L'avantage d'une approche permissionnée est qu'elle limite le nombre de membres du réseau. Cette approche est utilisée par des consortiums d'entreprises. Grâce à cette approche les membres gardent le contrôle sur le protocole ils peuvent alors mettre en place une gouvernance qui prendra les décisions stratégiques concernant la blockchain : évolution technologique du protocole, admission de nouveaux membres,…

L'inconvénient de cette approche est qu'il y a du coup nettement moins de décentralisation. Seul les membres choisis, qui donc se connaissent et se parlent participent au consensus. Par conséquent si ces membres se mettaient tous d'accord pour modifier une information ancienne dans la blockchain ils pourraient le faire. Le caractère certifiant car infalsifiable de la blockchain s'en trouve donc amoindri.

Un autre inconvénient de l'approche permissionnée est que les membres doivent à eux seuls supporter la charge du réseau et donc de l'infrastructure. Pour des projets à vocation planétaire et des cas d'usage associés très ambitieux ouvrir le réseau permet à la fois d'obtenir plus de participants et d'avoir un réseau qui inspire mieux confiance car il devient incorruptible.

Le projet Diem initié par Facebook démarre par exemple comme un projet permissionné, mais leur objectif est de devenir ouvert d'ici 5 ans. C'est essentiel en termes d'image car au lieu d'être uniquement un projet d'entreprise donc servant l'intérêt privé de quelques sociétés, ça lui donne l'ampleur d'un projet voulant servir le bien public car tout le monde pourra à terme devenir acteur de ce projet. Évidemment c'est beaucoup plus facile de dire qu'on veut devenir ouvert que de le devenir effectivement. Attendons de voir si le consortium saura tenir cet engagement.

L'avantage principal d'une approche ouverte est à l'inverse qu'elle permet une réelle décentralisation. N'importe qui pouvant participer au réseau, ce sont des règles très strictes et inflexibles que les membres vont adopter qui vont permettre d'établir le consensus. Ces règles sont en fait directement inscrites dans le logiciel, et le rôle des membres est uniquement de faire tourner ce logiciel. L'inconvénient c'est qu'il y a tellement de décentralisation qu'il n'y a pas vraiment de gouvernance ou en tout cas il est très difficile d'en mettre une en place. En particulier il va être difficile de faire des évolutions techniques car il faudra convaincre tous les membres de mettre à jour le logiciel pour inclure ces évolutions. En pratique des gouvernances se mettent tout de même en place avec l'organisation de conférences durant lesquelles les experts débattent d'évolution possibles. Les évolutions sont rendues possibles par les mécanismes de "fork".

A retenir

Une blockchain ouverte est plus fiable mais également moins flexible qu'une blockchain permissionnée. Les blockchains permissionnées permettent à leurs membres de garder le contrôle sur la blockchain, le protocole et ses évolutions.

C. Les forks

Définition d'un fork

Les "forks" sont des évolutions du protocole blockchain, donc du logiciel. On emploie le terme "fork" car dans une blockchain ouverte comme Bitcoin chacun est libre d'implémenter ou non des évolutions du protocole, et de le faire au moment où il le souhaite, il y aura forcément un moment où sur le même réseau deux versions différentes du protocole auront cours.

Dans ce cas-là, on se retrouve également à partir d'un certain moment avec deux versions de la blockchain qui évoluent en parallèle. C'est à dire qu'à un même rang donné sur le réseau il y aura deux blocs différents, l'un étant créé en appliquant l'ancien protocole, l'autre étant créé avec la nouvelle version du protocole.

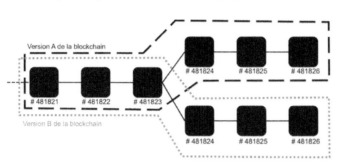

Ce concept de fork vient du fork dans les logiciels libres. Ici dans le cas d'un fork blockchain nous avons une difficulté supplémentaire qui d'emmener les participants du réseau avec soi.

Soft vs Hard fork

Il y a deux types de fork appelés respectivement "soft", doux en anglais et "hard", dur en anglais.

Le soft fork est tel que les nouveaux blocs après le fork restent compatibles pour les nœuds qui n'auraient pas mis à jour leur version du protocole. Ainsi ça permet l'intégration de mise à jour dans le protocole de façon progressive de sorte que tous les nœuds aient le temps de mettre à jour leur version du logiciel. On dit que les nouveaux blocs sont rétro compatibles avec l'ancienne version du protocole.

Dans le cas du hard fork les nouveaux blocs créés après le fork ne peuvent pas être reconnus par les nœuds qui n'ont pas la nouvelle version du protocole. Ainsi il faut un passage "en force"

39

pour que les nœuds acceptent ces blocs, car les nœuds doivent intentionnellement adopter un nouveau protocole.

Le hard fork donne lieu à une nouvelle blockchain, ce fut le cas avec "Bitcoin Cash". Une modification du protocole visant à augmenter la taille des blocs a été proposée. Ceux qui l'ont accepté ont dû faire scission, ces nouveaux blocs plus gros ne pouvant plus être compatible avec la blockchain existante. Chaque nœud et mineur a dû décider de rester sur le protocole existant ou de migrer vers un nouveau. Il s'avère que la majorité a préféré rester sur le protocole existant et les "big blockistes" se sont retrouvés minoritaires. Ce qui explique le cours beaucoup plus bas de Bitcoin Cash vs Bitcoin en équivalent dollar quelques années après le fork.

Une critique qui revient souvent du soft fork est aussi qu'on peut faire des soft fork trompeurs qui au final changeraient des propriétés importantes du consensus et qui donc ne seraient pas si "soft". Dans le cas de Bitcoin le nombre maximum de Bitcoin qui peuvent être émis est de 21 millions. Il s'avère cependant qu'un "soft fork" pourrait remettre en question cette limite.

Pour aller plus loin

La nécessité d'augmenter la taille des blocs a cependant été prise en compte en partie avec les améliorations proposées par le soft fork Segwit qui a eu lieu en août 2019. Segwit a justement rendu possible sous la forme d'un soft fork, donc sans passage en force, une amélioration de la scalabilité tout en renforçant la sécurité des transactions. Pour cela l'idée principale de cette évolution a été d'enlever la partie signature cryptographique de la transaction pour créer le "witness" qui apparaît 4 fois plus petit. D'où le nom de Segwit qui vient de Segregated Witness. Cependant pour être parfaitement précis, en réalité les nœuds aujourd'hui conservent la totalité de l'information de la transaction et ne bénéficient donc pas de ce gain d'espace.

A retenir

Les protocoles blockchains évoluent grâce à des forks, comme les logiciels évoluent grâce à des mises à jour. Les forks sont plus ou moins rétro compatibles ce qui peut avoir des conséquences fortes sur leur adoption.

D. Blockchain publique ou privée

Avec la notion de blockchain permissionnée-ou-non on identifie qui peut utiliser le réseau ou non. On entend également la notion de blockchain publique ou privée. Ces deux notions ne sont évidemment pas orthogonales car on imagine bien qu'une blockchain privée est forcément "permissionnée".

Une définition que l'on pourrait donner à une blockchain privée est une blockchain qui n'est accessible en lecture qu'à un nombre limité d'individus ou de sociétés. Fatalement si elle est accessible en lecture à un nombre limité d'individus c'est aussi le cas en "écriture".

En lecture, j'entends par là que les données qui se trouvent sur la blockchain sont visibles. Dans le cas de Bitcoin par exemple les données sont lisibles par tous, la blockchain est publique sans nul doute. Je précise ici que cette définition de publique vs privée m'est personnelle, mais je la justifie ainsi pour la distinguer de la notion de permissionnée ou non.

Une blockchain privée pourrait être une blockchain créée par un consortium d'entreprise. Ces entreprises souhaitent se créer une base de confiance commune, mais ne veulent pas communiquer de données business à l'extérieur de ce consortium.

Il est possible d'avoir des blockchains publiques mais permissionnées. Dans ce cas les données qui se trouvent sur la blockchain sont visibles par tous, en revanche seul un nombre limité de membres peut devenir un nœud. C'est le cas notamment du POA.Network. C'est une blockchain publique de consortium où une liste publique de notaires aux États-Unis prend la charge de valider les transactions.

Un exemple de blockchain privée permissionnée est le projet komgo. C'est un consortium d'entreprises qui faisaient du trading de matières de premières qui ont décidé de construire leur propre blockchain pour faciliter leurs échanges.

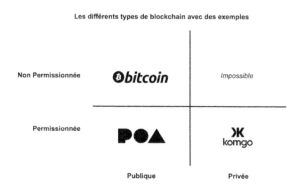

Les différents types de blockchain avec des exemples

E. Les protocoles de consensus

Le protocole de consensus est le moyen grâce auquel on arrive à avoir la même version de la blockchain sur tous les nœuds du réseau. Il existe plusieurs grands types de protocole de consensus.

Le cas le plus simple d'obtention du consensus est celui d'une blockchain permissionnée. Les nœuds validateurs se connaissent et se font confiance, on est dans le cas d'une preuve d'autorité ou "proof of authority". On peut tout de même dans ce cas compliquer légèrement la donne en introduisant des gardes fous notamment avec des protocoles comme le BFT "Byzantine Fault Tolerant". Le concept est que si jusqu'à 1/3 du réseau est compromis ou inactif on peut toujours faire fonctionner le protocole de consensus. C'est le protocole de consensus retenu par Libra.

Le premier protocole de consensus fut celui de Bitcoin, reposant sur la preuve de travail "Proof Of Work" en anglais. Ce protocole révolutionnaire qui rendit l'idéal d'une monnaie décentralisée possible mérite une explication détaillée. Vous la trouverez dans le chapitre qui concerne Bitcoin. La seule chose que vous devez savoir à ce stade est que ce protocole repose sur un effort, ou travail important qui doit être fournit par certains nœuds du réseau. C'est la preuve que ce travail a bien été réalisé et permet de rendre infalsifiable les données du bloc ainsi créé.

Ce travail, par définition, demande du temps et de l'argent sous la forme d'énergie électrique. L'objectif de nouveaux protocoles blockchains concurrents de Bitcoin a bien souvent été d'imaginer des protocoles qui demanderaient moins d'efforts mais fournirait un niveau de sécurité satisfaisant.

C'est ainsi qu'a été inventé la "Proof of Stake" et son dérivé la "Delegated Proof of Stake". Le principe repose sur le fait de "staker" ou d'"'accumuler" des jetons pour avoir le droit de participer au protocole de consensus. L'avantage de ce système est que les personnes qui "stakent" peuvent ainsi être rémunérées pour leur possession de jetons. Ce protocole est encore minoritaire face au "proof of work".

A retenir

Il existe trois principaux types de protocole de consensus : le "proof of authority" utilisé dans les blockchains privés, "proof of work" le protocole historique de Bitcoin et le "proof of stake" un nouveau type de protocole moins énergivore mais également moins répandu.

Blockchain Utile – Isabelle Bonnet

5. HISTOIRE DE LA BLOCKCHAIN ET DE SES EVOLUTIONS

La blockchain a été inventée par le créateur de Bitcoin, pour Bitcoin, en 2008. Comprendre la blockchain passe donc par comprendre Bitcoin. Cela fera d'ailleurs l'objet du prochain chapitre. Depuis la technologie a évolué et continue d'être en phase d'expérimentation en particulier pour les entreprises. Bien que Bitcoin soit une technologie qui semble aujourd'hui relativement mature, il y a des innovations permanentes aussi bien pour faire évoluer Bitcoin que pour apporter d'autres solutions avec des cas d'usage différents.

A. Genesis

Les débuts de la blockchain sont assez fantasmagoriques car ils sont très mystérieux. A l'origine de tout il y a eu Bitcoin, et à l'origine de Bitcoin… une grosse inconnue. En effet comme pour le Big Bang on ignore tout du créateur de Bitcoin car il / ils ou encore elle / elles a (ont) voulu rester anonyme(s). C'est au pseudo de Satoshi Nakamoto que répond ce créateur. Ce mystérieux créateur était présent sur divers forums avant de faire silence sur la toile à partir de 2013. Ses Bitcoins, très nombreux Bitcoins, sont semblent-ils immobiles et font rêver plus d'un… Quoiqu'il en soit ce créateur inventa la blockchain qui rendit Bitcoin, un système de cash sur Internet, possible. Vous aurez le plaisir, si la curiosité vous mène jusque-là, d'en savoir plus sur Bitcoin au chapitre suivant.

Le concept de Bitcoin et de la blockchain fut inventé sur le papier en 2008 mais c'est en 2009 quand le réseau fut lancé et que la blockchain fit la preuve réelle de son fonctionnement.

Le tout premier bloc de la blockchain Bitcoin est appelé le "Genesis bloc". Il a été créé le 3 janvier 2009. Satoshi Nakamoto a inscrit dans ce bloc le titre d'un article du Financial Times: "la chancelière au bord du deuxième plan de sauvetage des banques". Cette référence rappelle le contexte de crise financière mondiale que l'on vivait à cette époque. La faillite de Lehmann Brothers avait eu lieu le 15 septembre 2008, soit seulement quelques mois avant.

The Times 03/Jan/2009 Chancellor on brink of second bailout for banks

C'est donc dans ce contexte de crise financière mondiale que tout a commencé.

B. Enfance

Ethereum

Depuis Bitcoin il y a eu des innovations majeures. Il y a eu notamment l'émergence de nouvelles cryptomonnaies que l'on appelle aujourd'hui "alt coins". Mais c'est surtout l'émergence de l'une d'elle qui fit elle aussi une petite révolution, elle s'appelle Ethereum. On peut même dire en 2020 qu'Ethereum est à l'origine d'une deuxième révolution dont je vous parlerai plus tard dans ce chapitre.

Ethereum changea la donne en rendant beaucoup plus facile le fait de créer de nouvelles monnaies facilement. En effet la blockchain Ethereum ne se positionne pas seulement comme une nouvelle cryptomonnaie mais également comme une plate-forme permettant de développer ce que l'on appelle des applications décentralisées. Le concept d'une application décentralisée est que cette dernière peut tourner sans être arrêtée car elle repose sur une infrastructure décentralisée.

Ces applications décentralisées fonctionnent par le biais de ce que l'on appelle des smart contracts. Les smart contracts ont pour objectif d'écrire des transactions selon un ensemble de règles que l'on peut customiser. Une transaction sur Bitcoin est d'ailleurs en fait un smart contract car c'est un bout de code qui dit par exemple "Alice donne 1 Bitcoin à Bob". C'est un smart contract minimaliste en quelque sorte. Les Smart Contracts sur Ethereum sont des bouts de code potentiellement plus long permettant de rajouter des conditions par exemple "Alice donne 1 Ether à Bob si Alice a plus de 10 Ether". L'Ether étant la monnaie sur la blockchain Ethereum.

Cela a permis de créer ce que l'on appelle des "token". Un "token", ce qui signifie "jeton" en français; fonctionne comme un Ether ou un Bitcoin. Il s'échange d'un utilisateur à un autre par le biais de "wallet". La différence c'est que le token s'appuie sur une blockchain existante, en l'occurrence Ethereum. Pour créer des tokens, il suffit d'écrire un smart contracts qui va créer un asset digital /un token sur la blockchain Ethereum.

Cette approche fut révolutionnaire mais également très contestée. En effet le fait d'autoriser du code directement sur la blockchain introduit une importante vulnérabilité. Un exemple de cette vulnérabilité fut le succès que remporta une application : cryptokitties. Le concept de cette application est de collectionner des chats virtuels et de les faire se reproduire entre eux. Le jeu remporta tellement de succès fin 2017, début 2018 qu'il mit en péril l'ensemble de la blockchain Ethereum qui se trouva surchargée.

Afin de limiter l'usage abusif de cette ressource accessible à tous qu'est le réseau Ethereum un système de "gaz" a été mis en place. Pour pouvoir utiliser le réseau il faut payer du "gaz", sinon impossible de faire tourner vos smart contracts. En pratique c'est très contraignant pour plusieurs raisons :

Le coût de la transaction va varier fortement d'un moment à un autre en fonction de la surcharge du réseau qui ne dépend pas forcément de votre application. Ainsi c'est comme si un jour de bouchon vous deviez payer 10€ le litre d'essence

Si vous voulez offrir un service via une application décentralisée sur Ethereum (appelée Dapps) vous allez devoir anticiper la question du gaz en achetant suffisamment et en avance pour 'anticiper l'usage. Ici, le fonctionnement est similaire à celui de l'essence dans un bus qui transporte des passagers. Vous devez anticiper le trajet que vous allez faire, le nombre de passagers et acheter de l'essence en fonction. Mais gare à vous si votre service a du succès, vous risquez de vous retrouver d'un coup à sec avec un bus rempli... Mieux vaut donc anticiper en se fournissant largement en liquidité en amont.

Ce problème spécifique de liquidité, très caractéristique de la blockchain a des solutions. Et devinez quoi ? Ces solutions fonctionnent sur la blockchain grâce à la DeFi dont je vous parlerai plus loin.

La ruée vers l'or : les ICOs

Comme nous venons de le voir, grâce à Ethereum il était désormais possible de créer son token sans pour autant avoir besoin de déployer une infrastructure ! Cela donna l'idée à certains d'utiliser ce moyen pour lever des fonds.

L'idée pour lever des fonds avec un token est la suivante : en échange de X euros je vous donne Y tokens que je créé à l'occasion d'une ICO "Initial Coin Offering". Ce concept imite celui de l'IPO "Initial Public Offering" qui est le moment où une entreprise entre en bourse. La startup va émettre un nombre défini (en général) de jetons qu'elle va distribuer à ses investisseurs. La contrepartie du jeton peut être des euros mais c'est bien souvent une autre cryptomonnaie comme Bitcoin ou Ethereum.

Les investisseurs se retrouvent alors en possession d'un jeton. Cependant ce dernier ne représente pas forcément une action sauf dans le cas d'une STO "Security Token Offering". Mais l'investisseur pense obtenir un gain tout de même par l'appréciation du jeton. Ce dernier va avoir une valeur de marché, surtout s'il peut s'échanger sur des plateformes de change.

Les jetons ou "token" des ICOs ont des fonctions qui peuvent être les suivantes :

- "utility token" : le jeton donne accès à un produit ou un service

- "payment token" : le jeton est un moyen de paiement
- "security / equity token" : le jeton représente des parts d'un business

En pratique les différences entre les types de jetons sont soumises à interprétation. Les régulateurs dans chaque juridiction travaillent justement à écrire des définitions qui permettent de réguler - et donc de taxer - ces jetons de façon adéquate.

Le cœur du débat légal porte autour de la notion de "security", en particulier aux États-Unis. Comme les "tokens" ont été utilisés par de nombreuses startups pour lever des fonds la question se pose de les réguler comme des instruments financiers de type "Securities" en anglais. Si c'est le cas cela implique que la startup souhaitant lever des fonds par ce biais doit obtenir un agrément. Cela protège les investisseurs en leur évitant de risquer d'investir dans un projet frauduleux, mais cela rend la démarche beaucoup plus lourde également pour la startup.

L'immense majorité des ICOs a eu lieu sur la blockchain Ethereum.

Réalité désenchantée

Or il y a eu de très nombreuses fraudes et arnaques par le biais des ICOs car elles se sont avérées être un puissant moyen de lever des fonds sans avoir à construire quelque produit que ce soit. En effet dans le mécanisme de l'ICO le service ou la plateforme décentralisée ne sera par définition en place qu'après que l'ICO ait eu lieu. Les investisseurs choisissent donc de soutenir un projet uniquement sur le papier car la construction ne pourra avoir lieu qu'après.

Quand je dis ici sur le papier je parle effectivement d'un papier que l'on appelle le "white paper". C'est un document récapitulant le projet, son fonctionnement technique, son marché et ses "tokenemics". Ce dernier terme désigne les projections de variation de prix du token qui sont construites comme un business model sur la base de concepts économiques tels que la circulation des tokens.

Évidemment ce mode d'investissement était extrêmement risqué et une très grande partie de ces projets ont échoué ou pire étaient des arnaques.

L'étude SATIS group research pour Bloomberg publiée en juillet 2018 estimait que 78% des ICOs étaient des "scams" soit des arnaques. SATIS est une société de conseil spécialisée en crypto et basée à New York. Parmi les autres ICOs ils estiment que 7% ont déjà échoué ou disparu. Il ne reste donc que 15% d'ICO parmi lesquelles 1/3 serait en déclin tandis que les autres seraient prometteuses voir auraient plutôt réussit. Ces chiffres pourraient être modérés par une mise en perspective avec les startups en général qui échouent à 90%. Pour autant ces chiffres sont alarmants pour deux raisons :

- Le taux d'arnaque de plus de 78%
- Le peu de recul temporel : le taux d'échec est très élevé pour une période si courte

Une autre étude dresse un constat alarmiste, c'est celle d'Ernst & Young d'octobre 2018. Ils ont suivi les 141 ICOs qui ont levé le plus de fonds en 2017 et observé ce qu'il en était l'année d'après. Ces ICOs représentent 87% des fonds levés sous la forme d'ICO. Le premier constat est que d'un point de vue spéculatif, ce fut principalement un échec car 86% de ces ICOs, qui ont le rappel étaient celles qui avaient eu le plus de succès en 2017, étaient sous leur prix d'émission en 2018. 30% de ces 141 ICOs étaient même tombées quasiment à 0. De plus 71% d'entre elles n'avaient après un an ni produit, ni même prototype à proposer à ses clients ou détenteurs de token... Ce dernier point est selon moi le plus alarmant quand on compare ces ICOs au monde des startups classique.

Pour modérer ce constat on pourrait cependant arguer que l'année 2018 fut une très mauvaise année pour les crypto en général. La baisse observée individuellement serait donc la conséquence d'une baisse "macro", due au "bear market", ou marché baissier. Cependant si on regarde le prix de ces tokens en Bitcoin, on constate tout de même une baisse. Je pense personnellement que ce sont justement les désillusions de nombreux projets qui avaient fait force communication pour attirer des investisseurs non aguerris qui sont une partie de l'explication de ce "bear market" de 2018.

Ethereum est apparu en 2016. Successivement émergèrent de très nombreux projets blockchain car pour la première fois il n'était pas nécessaire de développer une infrastructure mais ils pouvaient utiliser l'infrastructure existante pour mettre en place des applications décentralisées. C'est la raison pour laquelle en 2017 il y a eu un intérêt de plus en plus fort pour la technologie blockchain, grâce à l'émergence de ces nombreux projets.

Hyperledger

Au même moment que la création d'Ethereum, soit en 2016sous l'impulsion d'IBM, fut inventé un protocole concurrent appelé Hyperledger. Hyperledger n'est pas une "blockchain" au sens où il n'existe pas un réseau public et décentralisé reposant sur le protocole Hyperledger. C'est un "logiciel" blockchain, mais il n'y a pas d'infrastructure publique associée. Hyperledger a été conçu pour être utilisé par des entreprises dans des infrastructures privatives de consortium.

IBM a contribué aux 2/3 du code d'Hyperledger Fabric qui est 100% open source. Pour information, ce chiffre m'a été partagé par IBM eux-mêmes. Cela signifie que n'importe qui peut utiliser Hyperledger sans avoir à payer de licence. Cela signifie donc qu'IBM a travaillé "gratuitement" sur ce projet. On en déduit donc surtout, qu'Hyperledger et la blockchain revêtent un intérêt stratégique pour IBM. Une des raisons à cela pourrait être que c'est un très bon moyen pour IBM de vendre des services "cloud". En effet avec la blockchain au lieu d'avoir une unique base de données sur un serveur, on a cette même base de données répliquée sur plusieurs serveurs et donc plus de services cloud à vendre… IBM dispose de toute l'armada de service à vendre avec la blockchain : le conseil, l'hébergement cloud et l'IOT.

Hyperledger fut une étape majeure dans le développement des blockchains car ça ouvrit la porte aux cas d'usage d'entreprise. L'intention d'IBM de se positionner sur ce marché fut également un signal très fort en faveur de cette technologie.

C. Adolescence

En 2020, la blockchain semble passer de l'enfance à une forme d'adolescence.

D'un côté la foultitude de projets pour la plupart, avouons-le, pipeaux a sombré dans l'oubli. Et la mémoire collective a si bien fait son travail que la déception des investisseurs de début 2018 semble s'effacer, ne laissant dans les têtes que le doux souvenir d'un espoir de richesse soudaine. Et la spéculation rebat son plein. Elle est portée par ce que l'on appelle la DeFi.

De l'autre, les entreprises se trouvant soit à secs après le passage du virus, soit bien trop occupées à servir leurs clients beaucoup plus nombreux, comme Amazon par exemple, le temps de cerveau disponibles des managers pour réfléchir à des cas d'usage blockchain s'est formidablement réduit. L'approche des projets est devenue reptilienne, guidée par la survie, et finalement tant mieux. Au point que certaines entreprises utilisent la blockchain sans même s'en rendre compte, ni même communiquer dessus.

La DeFi ou la folie

DeFi est l'abréviation de "Decentralized Finance". L'objectif de ce nouveau pan à part entière de la blockchain, est de recréer sur la blockchain tous les bons vieux services financiers gérés traditionnellement par nos institutions.

L'intérêt révolutionnaire de cette approche est que ces services lorsque qu'ils fonctionnent sur la blockchain, fonctionnent "tout seul". Plus de banquier pour appuyer sur le bouton de l'octroi du prêt, mais à la place des algorithmes et des prêteurs qui décident eux même.

La principale problématique rencontrée par la blockchain comme décrit précédemment est celle de la liquidité. Cette problématique est d'ailleurs la raison d'être des systèmes financiers traditionnels. On veut des fonds ! Et on les veut le plus tôt possible pour pouvoir les utiliser pour les faire fructifier. C'est ainsi qu'est née la finance, à base de crédits accordés et d'achats anticipés de récoltes. En fournissant de la liquidité.

Et c'est ainsi que renait de ses cendres la blockchain Ethereum. Après les scandales des ICOs frauduleuses ou juste ratées, les investisseurs semblaient avoir bel et bien déserté le terrain. Mais les voilà de retour en train d'engranger à nouveau des multiples de leurs investissements initiaux. Les tokens sont désormais utilisés comme les gages de contrats servant eux-mêmes des objectifs financiers. Et tout s'emballe. D'où les multiples.

Pour expliquer aux néophytes ce que sont les multiples voici un exemple. J'achète un token à 10$ et je le revends 4 jours plus tard à 40$. J'ai donc fait un "x4" donc un multiple de 4 de ma mise initiale… On ne parle même plus dans ce domaine de % de retour sur investissement.

Comment est-ce possible ? Cela fonctionne fondamentalement comme tous les autres produits spéculatifs : Dès qu'un produit à la côte auprès des investisseurs tout le monde se rue dessus et le prix monte en flèche, surtout si ce produit n'est disponible qu'en petite quantité.

Ainsi des financiers et ingénieurs avisés créent toutes sortes de produits financiers. Il faut tout de même noter que ces émetteurs ont le contrôle sur la quantité émise de ces produits. De vraies ruées vers ces nouveaux produits ont lieu et les tokens sous-jacents flambent. La communication qui accompagne ces lancements, avec des noms franchement drôles contribue au succès de ces nouveaux produits. Regardons l'exemple de Sushi.

Voici la courbe du prix du token SushiSwap en dollar :

Pour être tout à fait franche, la première fois que j'ai écrit ce texte

la courbe ressemblait plutôt à cela :

J'avais donc une opinion beaucoup plus critique, dénonçant clairement ce qui semblait être de la spéculation pure, menée par des insiders. Il semblerait qu'en réalité les protocoles DeFi soient effectivement largement utilisés.

Ce qui montre l'attrait des utilisateurs pour de tels services c'est notamment le prix du gaz à l'heure où j'écris ces lignes (mars 2021). En effet le coût d'une transaction sur Ethereum est régulièrement de plusieurs dizaines de dollars. Certains pourront y voir une mauvaise chose : tout coûte beaucoup plus cher sur Ethereum. Mais d'autres y voient à l'inverse un très bon signe : regardez le prix que les utilisateurs sont prêts à payer pour utiliser ce type de service, cela démontre leur grand intérêt.

Mais c'est quoi Sushi ? En réalité Sushi a vampirisé le protocole Uniswap, en réalisant ce que l'on appelle une "vampire attack". L'idée a été de proposer la même chose qu'Uniswap mais avec un jeton de gouvernance qui aurait été distribué équitablement aux utilisateurs qui fournissaient de la liquidité. Ca a fonctionné momentanément faisant arriver de la liquidité sur Sushi, mais la liquidité est repartie aussi vite qu'elle est venue…

Techniquement les "Sushi" étaient des "rewards" de "staking" de jeton "Uniswap" qui représente des contrats de change. Mais le jeton Uniswap a été remplacé par leur propre jeton SushiSwap depuis… Vous n'avez pas tout compris ? C'est normal. Voici quelques définitions pour comprendre les bases de la DeFi. Je vous prie de m'excuser de l'usage de mots anglais, cependant vous en aurez besoin si vous souhaitez vous aventurer dans ces eaux troubles.

Rewards et staking

Un des moyens de gagner des cryptomonnaies est de faire du "staking". "Staking" vient de l'anglais "empiler". Le concept est que vous "bloquez" ("nantissez" en terme financier traditionnel) des cryptomonnaies pendant un certain temps. En échange le protocole vous récompense en vous donnant un "reward" sous la forme de cryptomonnaies additionnelles. Une blockchain très connue pour proposer cela est la blockchain Tezos. Ce procédé de staking est nécessaire au fonctionnement de certaines blockchains car il permet l'obtention du consensus et la création des blocs. Cela remplace le "proof of work" utilisé par Bitcoin par exemple.

Swap et arbitrage

Ce sont là deux concepts de finance traditionnelle. Un "swap" est en français un "échange". On peut proposer des swaps à peu près entre tout et tout. C'est ce que propose Uniswap en DeFi. Ce qui est intéressant avec les swaps c'est par exemple de trouver des arbitrages. Un arbitrage c'est de l'argent "gratuit" au sens sans risque. C'est un "free lunch", ou "repas gratuit" en français. Voici un exemple pour montrer comment gagner de l'argent avec des swaps et un arbitrage :

Liste des swaps:

- Bitcoin <-> Ethereum

- Ethereum <-> Tezos

- Tezos <-> Bitcoin

Il est possible qu'en accumulant tous ces swap on aboutisse in fine avec plus de Bitcoin qu'au départ. Cela est dû à des inefficiences temporaires du marché qui prend un certain temps avant que les cours s'alignent. Ce temps est justement le temps nécessaire aux arbitrageurs pour réaliser les opérations dîtes de "market making" qui vont faire revenir les prix du marché à un niveau cohérent. Les market makers vont gagner ainsi des profits via des arbitrages. Dans la finance traditionnelle ce sont les banques qui réalisent ces opérations, et engrangent les profits qui vont avec. Elles ont deux avantages sur le reste de la population : elles sont les plus rapides (souvent stratégiquement positionnées pas loin des bourses) et elles ont les plus gros volumes rendant ces opérations profitables.

Il existe des automates qui œuvrent à rééquilibrer le marché, on les appelle des AMM pour Automated Market Makers. Leur rôle est justement de capturer ces arbitrages en réalisant le "Market Making" pour que les prix soient au plus juste.

La folie

Comme dans la finance traditionnelle, des produits dérivés complexes sont apparus. Si vous avez déjà entendu ce terme de produits dérivés et ne travaillez pas dans la finance, c'était probablement lors de la crise financière des subprimes de 2008.

Ce sont des produits dérivés qui ont été accusés d'avoir fait dégénérer le système financier mondial car ils étaient un excellent moyen de cacher dans la masse les produits à risque. Le concept d'un "dérivé" est le suivant. Prenez un produit financier, un swap par exemple.

Proposez ensuite un autre produit financier qui verse un reward contre du staking de ce swap. Vous obtenez ici un dérivé. En l'occurrence Sushi ! Nous y revoilà. Et la machine s'emballe et tout le monde y va de son token à l'instar de Hot Dog ou encore Pizza par exemple. Car le concept est réplicable à loisir. Hot dog et Pizza se sont enflammés puis leurs cours ont perdu en l'espace de quelques minutes 99% de leur valeur.

De bons cas d'usage en entreprise

Dans ce monde de fou fort heureusement des projets en entreprise semblent à l'inverse gagner en maturité. Mais c'est long. C'est long car cela requiert beaucoup d'éducation. Il faut comprendre un minimum ce qu'est la blockchain pour en déduire dans quel cas cela fait sens et dans quel cas ce n'est pas pour nous.

C'est d'ailleurs l'objet de ce livre et du combat que je mène auprès de mes clients. A l'inverse les arnaques diverses et variées et projets foireux nous font perdre du temps et reculer, décrédibilisant la technologie blockchain. La spéculation et l'intérêt qu'elle suscite dans les médias n'aide pas non plus.

Je ne vais pas décrire ici les bons cas d'usage en entreprise car c'est justement l'objet de toute la deuxième partie de ce livre. Mais je vais tout de même vous donner un exemple de cas où l'on utilise la blockchain sans parfois le savoir et encore moins en faire de la publicité.

Protection de la propriété intellectuelle

Un duo d'huissiers français a eu l'ingénieuse idée d'utiliser Bitcoin pour faire de la protection de la propriété intellectuelle. L'idée est de créer une trace dans Bitcoin de l'existence d'un document numérique à un instant donné. Grâce à cette trace en cas de litige on pourra prouver qu'on avait fait une création similaire avant.

Et le plus beau dans tout cela est que cette preuve est reconnue par les tribunaux de nombreux pays de par le monde, à commencer par la Chine qui reconnut une preuve blockchain en 2018. Au moment où j'écris ces lignes d'autres pays, de plus en plus nombreux, reconnaissent ces preuves blockchain, par exemple : l'Allemagne, l'Italie et plus de 17 États des États-Unis.

L'intérêt de cette protection blockchain est de pouvoir faire de la protection sans systématiquement faire de constat d'huissier. Cela permet ainsi de protéger plus de créations en s'économisant les frais de constat d'huissier.

De plus les créations protégées par la blockchain peuvent dans un second temps, en cas de litige par exemple, faire l'objet d'un constat d'huissier. Grâce à la protection blockchain, l'huissier peut faire un constat a posteriori. Grâce à ce mécanisme la solution est finalement plus économique qu'une solution traditionnelle car elle permet de ne faire des constats d'huissier qu'en cas de besoin tout en protégeant préventivement plus de créations.

L'Étude d'huissiers qui a mis en place cette solution est l'étude AlbouYana. Ils utilisent la solution technologique de la startup bretonne Woleet. Or cette étude a pour clients de nombreuses marques de luxe basée en France. Résultats un certain nombre de ces marques ont adopté cette solution, parfois sans même réaliser qu'elles utilisaient la blockchain Bitcoin. Vous n'en avez pas entendu parler ? En effet, ces marques n'ont pas communiqué dessus. Après tout pourquoi communiquer sur une solution qui leur permet simplement d'améliorer leur fonctionnement ? Comme il n'y a pas de bénéfice direct pour l'acheteur final de produits de luxe, inutile de vouloir faire le buzz avec cela.

D. L'avenir

Les deux innovations majeures que furent Ethereum et Hyperledger en 2016 expliquent en partie la très forte hausse du cours de Bitcoin et des autres cryptomonnaies qui ont eu lieu en

2017. Ces innovations technologiques ont rendu plus accessible la blockchain.

Pour autant quelques années après, des doutes subsistent quant à la pertinence de ses technologies. Est-ce bien utile ou raisonnable d'inscrire du code applicatif au sein même de la blockchain ? Cela introduit des vulnérabilités alors qu'une approche par couche semblable à celle d'Internet permettrait de protéger le protocole qui se veut le plus sécurisé possible.

La spéculation semble battre à nouveau son plein, est-ce pour le meilleur ? Ou encore une fois pour le pire ?

Les cas d'usage d'entreprise posent également question et il est difficile de distinguer le bon grain de l'ivraie. Dans un cas d'usage d'entreprise utilisant une blockchain privée la décentralisation est discutable par exemple. Dans ce cas-là, la blockchain apporte-t-elle réellement plus de confiance entre les acteurs qui reposent dessus ?

Un travail très important d'éducation reste à faire, et de nombreuses expérimentations sont encore à mener pour tirer le meilleur parti de cette technologie et passer du buzz à une révolution.

Blockchain Utile – Isabelle Bonnet

6. COMPRENDRE BITCOIN

La blockchain est indissociable de Bitcoin. D'une part parce qu'elle a été inventée pour rendre possible Bitcoin. D'autre part parce qu'au moment où ces lignes sont écrites, Bitcoin est la principale, pour ne pas dire la seule, blockchain qui existe et qui présente toutes les caractéristiques laissant à penser qu'elle devrait continuer à exister. Bitcoin est une blockchain. On emploie d'ailleurs le terme Bitcoin aussi bien pour désigner le protocole que le registre, comme on le fait pour le terme blockchain.

Mais Bitcoin c'est plus qu'une Blockchain, ça va au-delà des bits et des programmes. Bitcoin comme Robespierre, pourrait être surnommé l'Incorruptible. Et comme Robespierre Bitcoin est Révolutionnaire. Bitcoin est une immense communauté humaine et variée aux idéaux révolutionnaires qui prônent l'anarchisme au sens de l'émergence d'une société qui n'est plus divisée en États et qui se passe d'un organe central de contrôle.

Bitcoin est révolutionnaire dans tous les sens du terme : Dans son intention si c'était une personne, dans son invention si c'était juste un white paper, mais surtout dans son existence car Bitcoin repose sur les efforts conjugués de milliers de personnes qui ne se connaissent pas mais partagent un idéal. Et cela fonctionne grâce à la théorie des jeux.

A. Des idéaux révolutionnaires

A l'origine de Bitcoin il y a le crypto anarchisme. Le terme crypto fait référence à la cryptographie, à savoir la science qui permet de crypter des messages. L'idéologie crypto anarchiste est expliquée dans le manifeste crypto anarchiste de Timothy C May, dont voici une traduction proposée par le site Bitcoin.fr.

Le crypto anarchisme a pour objectif d'utiliser la cryptographie pour communiquer et échanger sur Internet de façon anonyme afin de garantir une forme de liberté. Ce mouvement est né en résistance à la surveillance informatique des États en particulier aux États-Unis. Cette surveillance a toujours cours grâce aux développements des géants d'Internet, tels que Facebook ou Google. Le mouvement aspire à une forme d'anarchisme dans le sens où il remet en question les autorités centrales, en particulier celles des États. L'anarchisme prône au sens littéral l'absence de hiérarchie.

Manifeste Crypto Anarchist

Un spectre surgit dans le monde moderne, le spectre de la crypto-anarchie.

La technologie informatique est sur le point de fournir aux individus et aux groupes la possibilité de communiquer et d'interagir les uns avec les autres d'une manière totalement anonyme. Il est possible pour deux personnes d'échanger des messages, de traiter des affaires et de négocier des contrats électroniques sans jamais connaître le Vrai Nom, ou l'identité légale, de l'autre. La source des interactions sur le réseau sera hors de portée grâce au rerouting extensif de paquets d'informations cryptées et de boxes anti-intrusion qui exécutent des protocoles cryptographiques avec une garantie presque parfaite contre toute forme d'intrusion. La réputation jouera un rôle central, bien plus important même, dans les tractations, que les taux de crédit d'aujourd'hui.

Ces évolutions altéreront complètement la nature des législations gouvernementales, la capacité à taxer et contrôler les interactions économiques, la capacité à garder l'information secrète et altéreront même la nature de la confiance et de la réputation.

La technologie de cette révolution – et il s'agira bien d'une révolution sociale et économique – existait en théorie depuis une décennie. Les méthodes étaient basées sur l'encryptage avec clé publique, les systèmes sécurisés interactifs de zero-knowledge, et différents protocoles de logiciel pour l'interaction, l'authentification et la vérification.

L'accent avait été mis jusque-là sur les conférences universitaires en Europe et aux États-Unis, conférences étroitement surveillées par la National Security Agency. Mais ce n'est que récemment que les réseaux informatiques et les ordinateurs personnels ont atteint une vitesse suffisante pour rendre ces idées réalisables en pratique. Et les dix ans à venir apporteront assez de vitesse supplémentaire pour les rendre économiquement faisable et pour qu'il soit essentiellement impossible de les arrêter.

Les réseaux à haute vitesse, Numeris, les boîtes anti-intrusions, les cartes intelligentes, les satellites, les Ku-band transmitters, les ordinateurs personnels multi-MIPS, les puces de cryptage, sont quelques-unes des technologies en cours de développement qui permettront tout cela.

L'État essaiera bien sûr de ralentir ou d'arrêter la diffusion de cette technologie, en invoquant les nécessités de la sécurité nationale, l'utilisation de la technologie pour le trafic de drogue et l'évasion fiscale, et des craintes de désintégration sociétale. Bon nombre de ces motifs de préoccupations seront valides ; la crypto-anarchie permettra de faire circuler librement les secrets nationaux et de vendre des matériaux illicites ou volés.

Un marché informatique anonyme rendra même possible de répugnants marchés d'assassinats et d'extorsions. Divers éléments étrangers et criminels seront des usagers actifs du CryptoNet. Mais cela n'arrêtera pas la diffusion de la crypto-anarchie.

Tout comme la technologie de l'imprimerie a altéré et réduit le pouvoir des corporations médiévales et la structure sociale de pouvoir, les méthodes cryptologiques altèrent fondamentalement la nature de l'interférence du gouvernement et des grandes sociétés dans les transactions économiques.

Combinée avec les marchés émergents d'informations, la crypto-anarchie créera un marché liquide pour tout ce qui peut être mis en mots et en images. Et tout comme une invention apparemment mineure comme le fil de fer barbelé a rendu possible la clôture de vastes fermes et ranchs, altérant ainsi pour toujours les concepts de terre et de droits de propriété dans l'Ouest de la Frontière, la découverte apparemment mineure venue d'une obscure branche des mathématiques deviendra les pinces coupantes qui démantèleront le fil de fer barbelé qui entoure la propriété intellectuelle.

Debout, tu n'as rien d'autre à perdre que tes clôtures de barbelé !

Timothy C May fera plus tard en 1994 l'association entre crypto anarchisme et anarcho-capitalisme. Cette dernière idéologie prône la liberté des échanges et ce sans frontières indépendamment des États.

Bitcoin est la réalisation technique de cet idéal crypto anarchique et anarcho-capitaliste car il permet de réaliser des échanges de façon pseudonyme et en toute confiance. Bitcoin est un système où l'on n'a pas besoin de connaître l'identité de la personne en face de soi pour avoir confiance et pouvoir faire un échange de valeur. Les échanges se font entre "wallets" qui sont uniquement identifiés par une suite de caractères ne correspondant pas forcément à un nom.

Exemple d'adresse de wallet

13qSehsk8mrgyMrAMdakdLEFRaXnTVmuoC

Résistance à la censure

Conformément à son idéal crypto anarchiste Bitcoin se veut indépendant de toute autorité centrale, en particulier des États. Pour cela l'objectif est que même en cas d'interdiction, ou de censure, Bitcoin puisse continuer à exister. Bitcoin a ainsi été conçu pour être "censorship resistant" ou "résistant à la censure". Cela exprime son idéal libertaire et se traduit concrètement par son fonctionnement. Bitcoin est "inarrêtable" grâce à son caractère diffus ou décentralisé.

Quand bien même un État interdirait Bitcoin, ce serait sur son propre territoire et cela se traduirait par l'interdiction d'avoir un nœud Bitcoin sur le territoire ou l'interdiction pour les ressortissants d'un état de faire tourner un nœud Bitcoin. Cela serait en pratique très difficile à appliquer car il est difficile de localiser des serveurs à cause de VPN (serveurs de relais) et tout aussi difficile d'identifier des personnes détentrices de ces serveurs qui utiliseraient des méthodes d'anonymat. Mais surtout comme rien n'empêche d'en mettre de nouveaux en route, arrêter un nœud serait vain.

Quand bien même un État arriverait à empêcher l'existence de nœuds Bitcoin sur son territoire, il suffirait qu'au moins un autre État, plus libertaire, autorise Bitcoin pour que des nœuds s'installent sous cette juridiction ou ce territoire. Comme il n'existe à ce jour par de gouvernance mondiale, un effort coordonné de tous les États du monde semble impossible. Tant qu'il y aura de la défiance envers les États, il y aura des personnes prêtes à mettre en place des nœuds Bitcoin pour permettre au réseau de perdurer.

De l'Internet de l'information à l'Internet de la valeur

Sur Internet les informations que nous échangeons sont généralement copiées et répliquées. Lorsque j'envoie un email à une personne j'en garde une copie sur mon ordinateur (si j'utilise un client mail) ainsi qu'une copie stockée dans ma boîte mail Gmail par exemple et il en est de même pour mon destinataire. Internet permet ainsi de partager de l'information.

Ce que Bitcoin, et la technologie blockchain en particulier a apporté c'est la possibilité de transférer de la valeur. Si par exemple je vous donne un billet de 10 euros de ma poche, il n'a pas été copié de ma poche mais bien transféré. Reproduire ce comportement sur Internet a paru insoluble pendant de nombreuses années. C'est ce que l'on appelle le "double spend problem", ou en français "problème de la double dépense". On ne veut compter qu'une fois la dépense.

Pour cela on a besoin d'effectuer des écritures comptables sûres et c'est exactement ce que permis la blockchain Bitcoin.

Ce concept du passage de l'Internet de l'information à l'internet de la valeur grâce à la blockchain est très bien expliqué par Don Tapscott lors d'un TED X de 2016 intitulé "Comment la blockchain est en train de changer la gestion de l'argent et le monde des affaires". La fin de la vidéo qui parle de cas d'usage est un peu datée et vous aurez un contenu bien plus à jour dans ce livre, mais les 10 premières minutes sont toujours aussi percutantes et vraies.

Le cash électronique de pair à pair

Le "white paper" de Bitcoin, ou son texte fondateur où tous les principes les plus fondamentaux sont expliqués, s'intitule :

A peer-to-peer electronic cash system

Ou en français un système de cash électronique de pair à pair. L'ambition de Bitcoin à la base était vraiment de remplacer le cash, le cash étant l'argent immédiatement disponible. Le cash dans le sens les billets de banques que vous avez (ou pas) dans votre portefeuille représente bien cette idée. Si vous ôtez un billet de 20 euro de votre portefeuille pour le donner à quelqu'un, vous ne disposez plus des 20 euros dès lors que vous les avez donnés.

Le cash ça n'est pas l'argent, on peut être riche, avoir beaucoup d'argent mais aucun cash sur soi. Ou parfois une entreprise peut être très prolifique mais avoir une trésorerie le plus souvent à sec et donc finalement peu de cash. On a voulu ensuite appeler "crypto currency" les monnaies basées sur la blockchain mais elles n'avaient pas cette ambition à la base. Le cash est un moyen de paiement, comme l'est l'argent, le cash c'est de l'argent. Mais l'argent et la monnaie ne se limitent pas à la définition du cash. Notamment il est possible d'avoir des dettes d'argent, donc de l'argent négatif. La notion de monnaie, elle, insinue un cadre, un territoire, où elle a cours. La monnaie a pour vocation d'être le bras armé économique d'une volonté politique appliquée à un territoire donné. Il y a d'ailleurs eu pendant longtemps la conjonction entre nation et monnaie.

Les intérêts économiques aujourd'hui sont tellement intriqués entre nations que cette fusion a éclatée. Pour autant les organes politiques eux, n'ont pas encore éclatés et les monnaies continuent d'exprimer bon an mal an les scléroses économiques entre États. L'argent appartient à l'État car c'est lui qui contrôle la monnaie. En France par exemple, si vous réalisez des infractions de stationnement pendant longtemps et ne payez jamais vos amendes, l'État va venir prélever directement sur votre compte en banque ce que vous lui devez.

On comprend bien quand on regarde l'histoire de Bitcoin, que Bitcoin ne pouvait pas prétendre à être une monnaie qui par définition est un outil de privation de liberté car expression d'un pouvoir central. Bitcoin se veut comme un échange de valeur libre. Si vous doutez de votre État, et croyez que la liberté créé du progrès pour l'humanité, achetez du Bitcoin. C'est ce que font d'ailleurs de plus en plus de gens. Ceux qui étaient en marge de la société ont été les premiers convaincus, mais on se rend compte aujourd'hui qu'il y a des libertariens - ce qui sont convaincus que liberté est factrice de progrès - dans des strates de plus en plus larges de la société. Les scléroses économiques forcées par les volontés politiques conservatrices qui maintiennent par exemple des fiscalités dissonantes entre états frontaliers n'ont plus cours dans la vie quotidienne des habitants de la planète. Nos vies sont mondialisées.

Nos ambitions n'ont plus de frontières. Nos enfants sont bilingues. Et on voudrait nous limiter aux monnaies pour faire des échanges ? Bitcoin est venu répondre à ce problème en offrant un moyen d'échanger de la valeur sur Internet, donc de façon 100% numérique et décentralisée. Ceci est beaucoup plus efficace qu'en se forçant à utiliser les monnaies des États contrôlée de façon centrale. On supprime tous les intermédiaires et on échange qu'est la cryptographie asymétrique directement de pair à pair.

L'objectif de Bitcoin était d'être "censorship resistant", donc en français résistant à la censure. De sorte qu'aucun État, ni aucune personne, ne peut enrayer la machine Bitcoin. Cela est rendu possible par la décentralisation. Autant il est possible pour un État de censurer un serveur, autant une coordination internationale pour censurer tous les serveurs semble peu probable. D'autant plus que comme il est facile d'installer un serveur Bitcoin (ou nœud), censurer certains serait juste une perte de temps avant que de nouveaux réapparaissent. Comme Bitcoin est résistant à la censure, Bitcoin est aussi ouvert à tous. N'importe qui peut l'utiliser et contribuer à son réseau.

Voici une section à retenir avant de plonger dans les arcanes techniques de Bitcoin.

A retenir

Bitcoin est né d'un idéal crypto anarchiste qui promeut les libertés individuelles dans le but d'apporter du progrès à l'humanité. Il réalise cet idéal en permettant à n'importe qui sur la planète de transacter sur Internet librement car sans qu'un État ne puisse confisquer les fonds ou bloquer la transaction. Il existe même des projets qui vont au-delà d'Internet avec la possibilité de réaliser des transactions via SMS ou via Satellite.

Pour aller plus loin

Que penser des débats politiques sur Bitcoin ? Ont-ils raison d'être puisque de toute façon Bitcoin par définition ne peut être empêché ? Certains États considérés comme démocratiques ont pour rôle de protéger leurs concitoyens et l'intérêt public. Bitcoin s'absout également de cette protection. Une personne qui s'est fait voler des Bitcoin peut-elle faire appel à une justice d'État pour les réclamer ? Cette question pas seulement philosophique suscite de profondes controverses dans la communauté Bitcoin. Notamment suite à l'affaire MtGox, où plus de 800 000 Bitcoins ont disparus.

B. Comment fonctionne Bitcoin ?

Dans cette section il est recommandé d'appliquer le principe énoncé en début d'ouvrage, prendre ce que l'on veut apprendre. Sous-entendu ne pas hésiter à sauter des sections si vous ne comprenez rien ou à y revenir plus tard.

Le registre et les transactions

Le registre Bitcoin contient des transactions. Une transaction exprime qu'un certain nombre de Bitcoin sont passés d'une main à une autre. Comme par exemple dire que Bob a donné 3 Bitcoins à Alice. Les transactions sont des fonctions qui lorsqu'elles sont exécutées permettent de passer les Bitcoin d'un wallet à un autre. Le wallet c'est l'équivalent d'un portefeuille où l'on stocke son cash. On reconstitue combien un wallet contient de Bitcoin en faisant la somme des transactions dans lesquelles il est impliqué.

Une transaction contient un input et plusieurs outputs. Les outputs sont les adresses de destination des Bitcoins et potentiellement d'autres données comme le "OP_RETURN".

Le wallet

Le wallet est constitué d'une paire de clés (en version simplifiée, mais en réalité de plusieurs paires de clés). Une clé dite publique et une clé privée. Ces deux clés sont en fait une suite de caractère de longueur fixe.

Exemple de clé publique de wallet :1H4o9Mh7HyjPa46z4vtv7J8yzaK5RY4bXR

On peut retrouver combien contient cette adresse et l'historique de ces transactions par exemple avec un explorateur : https://btc.com/1H4o9Mh7HyjPa46z4vtv7J8yzaK5RY4bXR

La clé publique est utilisée pour recevoir les Bitcoins. Si Bob souhaite envoyer des Bitcoins à Alice il a uniquement besoin de la clé publique d'un wallet appartenant à Alice. Il enverra alors les Bitcoins à cette adresse publique. Le wallet d'Alice appartient à Alice car elle a la possibilité de dépenser les fonds associés à la clé publique du wallet. Pour cela elle doit disposer de la clé privée. La clé privée permet de débloquer les fonds pour les dépenser, tandis que la clé publique permet de les recevoir. Ce fonctionnement s'appelle la cryptographie asymétrique.

Ce fut une innovation majeure dans le monde de la cryptographie car il permit de solutionner le problème dit des généraux byzantins. C'est grâce à ce concept que l'on créé la notion de propriété dans Bitcoin. Dans notre cas Alice est propriétaire des fonds associés à une clé publique car elle dispose de la clé privée permettant de disposer de ces fonds. Il est donc absolument crucial de conserver cette clé privée dans un endroit sécurisé. Dans Bitcoin, pas de banque, pas de recours possible, chaque personne est responsable de ce qu'il possède par le simple fait de connaître la clé privée associée à un compte.

En pratique il est possible de déléguer cette responsabilité à des plateformes qui vont stocker votre clé privée et vous donner accès à vos fonds via des systèmes de login classique. Cependant cela est risqué car implique de faire confiance à un tiers. La devise de Bitcoin est "Don't trust, verify", ou "ne faites pas confiance, vérifiez" en français. Bitcoin permet justement de ne pas avoir à faire confiance à qui que ce soit en donnant la possibilité de vérifier si on adresse contient suffisamment de fonds.

La cryptographie asymétrique

Pour pouvoir utiliser les fonds disponibles sur une clé publique, il faut disposer de la clé privée associée à cette clé publique. Cela repose sur le concept de la cryptographie asymétrique.

Avant de rentrer plus en amont dans les concepts cryptographiques voici une définition essentielle à comprendre pour comprendre Bitcoin : le hash.

Le Hash

Le "hash" est le résultat d'une fonction que l'on appelle "hash". Elle peut prendre en entrée tout type de donnée et retournera une suite de caractères d'une longueur définie. C'est une fonction cryptographique car elle permet de chiffrer une donnée. L'intérêt particulier de cette fonction est qu'il est impossible (cela demanderait trop de puissance de calcul) de déchiffrer le résultat. Donc concrètement du hash on ne peut pas retrouver l'information originelle. En revanche si on a l'information originelle il est très facile de calculer son hash et donc de vérifier que cela correspond au hash que l'on a sous les yeux.

Cryptographie symétrique

Pour comprendre ce qu'est la cryptographie asymétrique, intéressons-nous tout d'abord à la cryptographie symétrique ou pourrait-on dire "classique".

Supposons que Bob et Alice souhaitent communiquer en toute discrétion. Pour cela ils décident de chiffrer leurs messages. Par la cryptographie symétrique ils vont utiliser la même clé de codage l'un et l'autre. Ce sera le même système qui permettra de décoder le message.

Supposons que leur système de chiffrement consiste à remplacer chaque lettre par une lettre qui se situe deux emplacements plus loin dans l'alphabet. Ainsi la lettre "E" sera remplacée par "G".

Bob souhaite envoyer le message "Je t'aime" à Alice. Le message crypté sera donc "Lg v'ckog".

Pour déchiffrer Alice utilise le même code et remplace chaque lettre par une lettre se trouvant 2 positions avant dans l'alphabet.

Imaginons maintenant Charles un partenaire d'affaires de Bob. Supposons qu'ils veuillent eux aussi communiquer de façon chiffrée. S'ils utilisent le système de chiffrage utilisé par Bob cela voudra dire que si Charles tombe sur un message d'Alice qui s'adresse à Bob il sera capable de le déchiffrer. Par extension, s'il en va de même avec toutes les personnes avec qui Bob souhaite communiquer de façon secrète, les secrets entre Bob et Alice ne seront plus très bien gardés.

L'autre solution consisterait à utiliser un code de chiffrement différent pour communiquer avec Charles. Par exemple remplacer chaque lettre par une lettre se situant 3 crans plus loin dans l'alphabet. Mais dans ce cas par extension, Bob devra se souvenir et utiliser une clé de chiffrement différente par personne avec qui il communique. Ce qui peut s'avérer très lourd à la longue. La cryptographie asymétrique vient résoudre ce problème.

Cryptographie asymétrique

Avec la cryptographie asymétrique chaque personne, Alice, Bob ou Charles, dispose de son propre code cryptographique qui repose sur 2 clés : l'une permettant de chiffrer, l'autre permettant de déchiffrer. La clé permettant de chiffrer est rendue publique et partagée à tous. La clé permettant de déchiffrer est tenue secrète par chaque propriétaire

Ainsi Bob pour envoyer un message crypté à Alice va utiliser le code de chiffrement public d'Alice. Dans ce cas-là seule Alice qui détient la clé privée associée pourra déchiffrer le message. Charles si jamais il interceptait le message ne pourrait pas le déchiffrer. Il ne pourrait déchiffrer que les messages qui ont été chiffrés avec sa clé publique.

Cette technique permet donc d'adresser des messages spécifiquement à une personne sans qu'ils puissent être lus par d'autres.

Mais la cryptographie asymétrique a une autre vertu lorsqu'elle est utilisée dans l'autre sens : elle permet non seulement de chiffrer les messages, mais également de les "signer".

En effet, la cryptographie asymétrique peut être utilisée dans un sens comme dans l'autre. On peut chiffrer un message en utilisant une clé publique dans ce cas-là on pourra le déchiffrer avec la clé privée. Mais on peut également faire l'inverse : chiffrer un message avec la clé privée et le déchiffrer avec la clé publique.

Dans ce cas supposons que Bob chiffre avec sa propre clé privée un message à destination d'Alice. Alice pourra déchiffrer le message de Bob en utilisant la clé publique de Bob. Elle aura confiance dans le fait que c'est bien Bob qui écrit le message car il a utilisé sa clé secrète pour le chiffrer et normalement seul Bob dispose de cette clé secrète. Elle sait que Bob a utilisé sa clé secrète car en déchiffrant avec la clé publique de Bob le message est devenu compréhensible.

La cryptographie asymétrique est une composante qui permet de résoudre le problème dit des "généraux byzantins". Ce problème informatique-cryptographique met en scène des généraux byzantins qui assiègent une cité. Pour pouvoir réussir leur assaut ils doivent communiquer entre eux pour coordonner leurs attaques. Le problème est que leurs messages peuvent être interceptés par l'ennemi avant d'être transmis aux autres généraux.

L'objectif est double : s'assurer que l'ennemi ne peut pas déchiffrer le message et faire en sorte que les autres généraux puissent faire confiance aux messages qu'ils reçoivent. Pour cela ils peuvent compter sur la cryptographie asymétrique. Soit pour "signer" des messages en les chiffrant chacun avec leurs clés privées, soit pour adresser des messages à des généraux spécifiques en utilisant les clés de chiffrement publiques de leurs destinataires.

Le wallet Bitcoin repose sur le concept de la cryptographie asymétrique. Les fonds disponibles sur la clé publique du wallet ne peuvent être débloqués qu'en utilisant la clé privée associée.

Satoshi Nakamoto et les "faketoshi"

L'identité réelle de Satoshi Nakamoto reste à ce jour mystérieuse. Il pourrait s'agir d'une personne ou d'un pseudonyme pour un groupe de personnes. Cependant, quelques personnes déclarent être Satoshi. La plus connue d'entre elles est Craig Wright. La communauté Bitcoin est très sceptique quant à ces déclarations car il y a un moyen très simple de prouver que l'on "est" Satoshi. Pour cela il suffit de dépenser des Bitcoins appartenant aux toutes premières transactions que l'on sait avoir été réalisée par Satoshi Nakamoto. Normalement seul Satoshi dispose des clés privées permettant de le faire. Les prétendus Satoshi Nakamoto sont ainsi appelés "faketoshi", "fake" signifiant "faux en anglais".

L'anonymat de Satoshi Nakamoto est une force pour Bitcoin. En effet, cela participe à l'objectif de Bitcoin qui est d'être "résistant à la censure" ou "censorship resistant" en anglais. Cela signifie que rien ne peut arrêter Bitcoin. Satoshi Nakamoto s'il était une personne identifiée pourrait avoir une aura considérable sur la communauté et ainsi potentiellement orienter des décisions d'évolution du protocole. Ce serait également une personne vulnérable car humaine. Bitcoin se veut plus durable qu'une existence humaine.

Paires de clés mnémotechniques ou "brainwallet"

Le système de wallet utilisé dans Bitcoin permet donc créer une notion de propriété en maintenant le secret de la clé privée permettant de débloquer les fonds associés à une clé publique. Par ailleurs il est également possible de retrouver la clé publique avec la clé privée car elles sont liées par une fonction cryptographique. Il suffit donc en théorie de ne retenir que sa clé privée pour pouvoir disposer de ses fonds en Bitcoin à tout moment.

Lorsqu'on souhaite utiliser Bitcoin on doit se créer un wallet, donc générer une paire de clé. Cela peut-être fait avec différents sites et outils. Il est très fortement recommandé de stocker cette clé privée dans un endroit sûr et à l'abri des regards, en particulier pas sur son ordinateur. Une méthode classique consiste à l'écrire à la main ou à l'imprimer puis à la stocker dans un coffre-fort.

Mais il existe une autre méthode également c'est celle du "brainwallet". Cela consiste à mémoriser sa clé privée pour s'éviter d'avoir à la stocker quelque part. Cependant c'est une suite de caractère assez longue et donc difficile à retenir.

Par exemple :

```
17A16QmavnUfCW11DAApiJxp7ARnxN5pGX
```

Mais il existe une astuce. Elle consiste à concevoir une phrase, idéalement contenant des caractères spéciaux pour rendre plus difficile le fait de la trouver et à se créer une clé privée en faisant un hash de cette phrase.

Par exemple :

Phrase secrète : "j3 trouv3 qu3 bitcoin c'3st vraim3nt g3ni4l"

Hash obtenu à partir de la phrase secrète : "010792005c55d15a0e942234594aab3feb163121376f587b36b5 28db0151588c"

L'étape suivante reste à générer un wallet ayant pour clé privée ce hash grâce à des sites dédiés comme https://mircoin.com ou https://electrum.org ; ou pour des utilisateurs avancés à l'aide de leur propre nœud Bitcoin.

Cette méthode permet de pouvoir retrouver ses fonds dans toutes circonstances. Cependant lier sa clé privée à des mots créé une vulnérabilité. Cela donne un moyen de retrouver la clé privée, peut-être en réfléchissant ou en vous connaissant bien, ou en vous forçant à la donner...

A retenir

Pour recevoir et dépenser des Bitcoins on utilise un wallet composé d'une clé publique et d'une clé privée. La clé publique est l'adresse à laquelle n'importe qui peut envoyer les fonds. On pourrait la comparer à une boîte aux lettres dans laquelle toute personne peut mettre du courrier. La clé privée permet de débloquer les fonds qui se trouvent sur une adresse publique. Dans l'exemple précédent ce serait la clé de la boîte aux lettres permettant de récupérer le courrier.

Pour aller plus loin

Ce système de wallet est à la base du concept fondamental de "true ownership" ou en français "réelle propriété". Pour être réellement propriétaire des fonds associés à une adresse, il faut en posséder la clé privée. Et la contraposée est également vraie, posséder la clé privée suffit à posséder les fonds associés à la clé publique. C'est un système très simple, cependant ses implications sont puissantes.

La propriété n'est protégée que par la protection du secret de la clé privée. Certains analystes pensent que cette caractéristique constitue un frein à l'adoption de Bitcoin et de la technologie blockchain en général. Car cela signifie que les utilisateurs doivent sécuriser leurs clés privées en les tenant secrètes tout en les gardant accessibles pour pouvoir dépenser leurs fonds. Malheureusement, toute solution gérant cette difficulté pour les utilisateurs est en contradiction avec le concept de réelle propriété parce que c'est la personne, ou plateforme web, qui détient effectivement la clé privée qui peut dépenser les fonds. Il faut donc lui faire confiance, au risque et péril de se faire voler les fonds...

Ceci est en contradiction avec la devise "Trust no one" de Bitcoin. Nous vivons actuellement une période où de nombreux acteurs tentent d'émerger en essayant de se positionner comme des intermédiaires de confiance. Mais la confiance est chère à acquérir surtout quand un certain nombre de ces plateformes se sont avérées non fiables.

Le protocole de Consensus

Le protocole de consensus de Bitcoin repose sur 5 étapes. Toutes ces étapes sont nécessaires à l'obtention du consensus, c'est à dire au fait que l'on retrouve la même version de la blockchain Bitcoin sur tous les serveurs Bitcoin, appelés aussi nœuds.

Certaines personnes pensent que le protocole de consensus repose uniquement sur l'opération de minage. Cependant ce n'est qu'une des briques permettant d'obtenir le consensus. Nous

Vision simplifiée de l'obtention du consensus sur Bitcoin

allons voir toutes les étapes, dont celles du minage.

Étape 1 : création et chiffrement de la transaction

Qui : les utilisateurs via leurs wallets

Quoi : la transaction est créée

Comment : le wallet va s'assurer que la transaction créée est "légitime" en vérifiant notamment que l'adresse émettrice de fonds dispose de suffisamment de Bitcoins. Ce n'est que si cette vérification est valide que la transaction est envoyée au reste du réseau. Le "chiffrement" s'appelle techniquement la "signature".

Étape 2 : vérification de la transaction

Qui : les nœuds du réseau

Quoi : la transaction est vérifiée

Comment : chaque nœud reçoit des transactions pour validation. Ils vérifient que ces transactions sont "légitimes" et si c'est le cas, et uniquement si c'est le cas, envoie la transaction aux autres nœuds auxquels ils sont connectés. Ce processus s'appelle le "flooding" ou "inondation" en français. Par ce processus toutes les transactions légitimes se retrouvent rapidement en stock dans tous ou une bonne partie des nœuds et deviennent des transactions "vérifiées". A l'inverse les mauvaises transactions sont stoppées et ne peuvent pas se diffuser.

Étape 3 : Création d'un bloc et preuve de travail ou minage

Qui : certains nœuds du réseau appelés mineurs

Quoi : la transaction est ajoutée à un nouveau bloc candidat

Comment : les mineurs observent le réseau pour récolter un lot de transactions vérifiées mais pas encore ajoutées à la blockchain. A partir de ce lot ils forment un bloc puis réalisent l'opération de minage du bloc. Le minage consiste à résoudre un problème cryptographique. Le problème est le suivant : créer un bloc tel que le hash de ce bloc commence par 0000000000000000000, c'est à dire est inférieur à une certaine valeur, et tel que toutes les transactions sont valides. [Voir précédemment pour la définition du hash] Le mineur va réarranger l'ordre des transactions de sorte à trouver un ordonnancement qui permette d'obtenir un hash valide. Pour créer plus de variabilité le mineur peut aussi faire varier une valeur dans le bloc appelée le Nonce.

Ce hash sera à la fois l'identifiant unique du bloc et la preuve que le mineur a réalisé un "travail" pour créer ce bloc. Ce hash va d'ailleurs se retrouver dans le bloc suivant, c'est ainsi que l'on chaîne les blocs entre eux. L'existence même de ce hash prouve qu'un certain travail a été réalisé car la probabilité d'obtenir un hash qui commence par autant de 0 est très faible. Il a donc fallu réaliser de nombreuses tentatives pour obtenir ce hash.

Chaque essai est unitairement peu coûteux et très facile à faire. Mais il faut statistiquement en faire beaucoup pour trouver un hash qui commence par autant de 0. Cependant c'est un procédé qui repose sur du hasard, il est possible qu'en très peu de tentatives un mineur trouve une solution au problème cryptographique c'est-à-dire un bloc avec un bon hash. Mais l'inverse est également possible. C'est pourquoi certains blocs sont créés en 2 minutes tandis que d'autres prennent plus d'une heure ! La difficulté du problème, c'est à dire le nombre de 0, est telle que cela prend en moyenne 10 minutes de créer un bloc.

Un bloc répondant au problème cryptographique est appelé "bloc candidat".

Étape 4 : vérification du bloc et ajout dans la blockchain

Qui : tous les nœuds du réseau contenant la blockchain Bitcoin

Quoi : le bloc candidat est ajouté à la blockchain

Comment : le bloc candidat va être envoyé par le mineur aux nœuds auxquels il est connecté. Comme pour les transactions en étape 2, chaque nœud va vérifier que le bloc candidat qu'il reçoit est valide et va ensuite l'envoyer aux nœuds auxquels il est connecté. Cette vérification inclut le recalcule du hash mais également la vérification de chacune des transactions contenues dans le bloc. Si le bloc n'est pas valide il ne sera pas diffusé. Si le bloc est valide le nœud va le garder en mémoire et ainsi l'ajouter à sa version de la blockchain. Le nouveau bloc sera lié au dernier bloc car il contient le hash de ce dernier.

Pour qu'il y ait consensus, il faut que tous les nœuds aient la même version de la blockchain, donc il faut qu'ils ajoutent tous le même bloc à leur version. Cependant il est possible qu'un autre bloc arrive à peu près au même moment. C'est rare car statistiquement c'est long de créer un bloc, environ 10 minutes cf. étape 3, mais cela peut arriver et ça arrive de temps en temps. Dans ce cas-là on dit qu'il y a fork.

Créer un bloc candidat demande de l'effort aux mineurs. Les mineurs n'ont pas intérêts à essayer de mettre des fausses transactions dans un bloc candidat car ce bloc serait forcément rejeté et donc l'effort pour créer le bloc candidat serait inutile.

Étape 5 : sélection de la plus longue chaîne en cas de "fork"

Qui : tous les nœuds du réseau contenant la blockchain Bitcoin

Quoi : les nœuds suppriment la chaîne la plus courte

Comment : dans certains cas les nœuds reçoivent quasiment au même moment 2 blocs candidats au même niveau, donc ayant comme bloc précédent le même bloc. Le protocole veut dans ce cas qu'ils gardent en mémoire les deux blocs, on appelle cela un "fork", car on n'a alors plus une chaîne mais une fourche (une chaîne qui se prolonge en 2 chaînes). Le problème s'il y a deux chaînes c'est qu'il n'y a plus une vérité unique. Mais, le protocole a la solution pour cela. La règle est d'attendre de recevoir des blocs suivants et de ne garder que la chaîne la plus longue. Le bloc éliminé est dit "orphelin" et c'est ainsi que le consensus est préservé.

Illustration

Supposons qu'à la hauteur 594685 (numéro de séquence du bloc, le numéro 0 étant le tout premier bloc de la blockchain Bitcoin) deux blocs valides soient créés, le bloc A et le bloc B. Chaque nœud va garder les blocs A et B. Supposons maintenant qu'un mineur trouve un bloc candidat de hauteur 594686 (donc le suivant).

Ce bloc sera forcément rattaché soit à A soit à B. Supposons qu'il soit rattaché à A. Ce bloc va se diffuser dans le réseau et chaque nœud qui va le recevoir va l'ajouter à sa version de la blockchain dans la branche contenant le bloc A. Cette branche va donc devenir 1 bloc plus long que la branche contenant le bloc B. Dans ce cas le protocole dit que c'est la branche contenant le bloc A la bonne. Ainsi tout le monde aura la même version de la blockchain, indépendamment du fait qu'ils aient reçu le bloc A ou le bloc B avant, donc indépendamment de leur géographie.

A retenir

Le protocole de consensus de Bitcoin a pour objectif de faire en sorte que tous les nœuds du réseau aient la même version de la blockchain Bitcoin. Ce protocole repose sur des vérifications systématiques de chaque nœud, l'opération de minage et la règle consistant à garder la chaîne la plus longue en cas de conflit appelé "fork".

Théorie des jeux et émission monétaire

Après avoir étudié comment fonctionne le protocole de consensus, qui permet d'avoir la même version de la blockchain sur tous les nœuds du réseau, intéressons-nous maintenant au fonctionnement économique de Bitcoin.

La question que l'on me pose souvent est la suivante : qu'est-ce qui fait la valeur de Bitcoin ? Pourquoi un Bitcoin vaut-il parfois 15000€ parfois 4000€ ? Pourquoi tant de variation ?

Virtuel ne l'empêche pas d'avoir une valeur

En particulier pour certaines personnes, ce qui semble le plus perturbant est que Bitcoin est complètement virtuel et ne correspond à rien de tangible. C'est cette absence de "collatéral" en quelque sorte qui peut perturber.

Pour expliquer ce que j'entends par collatéral, je vais prendre un exemple, celui de l'action d'une entreprise. Une action et son cours sont certes "virtuels" mais correspondent à une entreprise, donc d'une certaine façon au monde réel. Cette caractéristique pour certaines personnes empêcherait des niveaux de variations du cours; ou du moins les limiterait à des niveaux moins spéculatifs. Il y aurait moins d'effets de "psychologie du marché" notamment.

Ce que j'appelle les "psychologies du marché" sont les causes de mouvements de cours extrêmes à la hausse et à la baisse qui causent des bulles et leur éclatement. Il y en a eu deux majeures pour Bitcoin, une en décembre 2013 et une en décembre 2017. En décembre 2013 le prix a atteint les 1100$ soit quasi un multiple de 10 par rapport au prix quelques mois précédents. Quand la bulle a éclaté le prix est retombé jusqu'à presque 200$. En décembre 2017 le prix a atteint les 19000$ soit un multiple de 8 par rapport au prix quelques mois précédents. Quand la bulle a éclaté le prix est retombé jusqu'à presque 3000$.

Oui c'est vrai que Bitcoin est très "volatil", le prix varie fortement. Mais cet effet de "psychologie du marché" s'observe également sur les marchés boursiers et peut tout à fait avoir lieu pour des produits bien réels. Ce fut notamment le cas pour des tulipes au XVIIème siècle. Les tulipes devinrent tellement à la mode que le prix pour en acheter explosa avant de s'effondrer. Pour certains historiens ce fut la première bulle spéculative.

La nature purement virtuelle de Bitcoin ne justifie pas en soi son caractère volatil.

Est-ce que pour autant quelque chose d'entièrement virtuel peut avoir une valeur ? Si ça ne correspond à rien par définition ça ne vaut rien. Bitcoin a une valeur. C'est avéré car Bitcoin a aujourd'hui une valeur de marché qui se situe autour de 50000$ pour un Bitcoin. Il y a donc des personnes prêtes à échanger de l'argent, en l'occurrence des dollars ou des euros contre des Bitcoins. Comment Bitcoin peut avoir une valeur ? La réponse c'est que bien que Bitcoin soit virtuel, Bitcoin ne correspond pas à rien. Bitcoin a même inventé le concept de valeur numérique. Dans un monde numérique où rien n'a de valeur car tout se réplique à l'infini, Bitcoin créé ce support de valeur.

Au-delà de la valeur de marché qui par un raisonnement que j'admets être tautologique prouve que Bitcoin a bien une valeur, Bitcoin a également une valeur plus tangible de par l'investissement énergétique fournit pour faire fonctionner le protocole. Je reviendrai sur ce point à la fin de ce chapitre lorsque j'aurais abordé suffisamment de notions pour que ce soit compréhensible.

La rareté

Bitcoin a de la valeur car Bitcoin est rare. Le protocole a été conçu pour que seulement 21 millions de Bitcoins soient créés (ou minés) en tout et pour tout. Il n'y en aura pas un de plus. Ainsi Bitcoin devient une ressource limitée et c'est ainsi qu'il s'apprécie.

On compare souvent Bitcoin à de l'or. On estime qu'il y a un stock limité d'or sur Terre. Raison pour laquelle l'or a tendance à s'apprécier dans le temps en valeur monétaire. Il en va de même pour Bitcoin.

Cette rareté de Bitcoin est créée par l'émission monétaire qui devient de plus en plus lente.

L'émission monétaire se fait par l'opération de minage. Lorsqu'un nouveau bloc est créé, on crée de nouveaux Bitcoins qui viennent s'ajouter au nombre des Bitcoins existants. A l'heure où j'écris ces lignes, on crée 12.5 Bitcoins à chaque nouveau bloc. Cela signifie qu'on émet 12.5 Bitcoins en moyenne toutes les 10 minutes.

Cette création se fait sous la forme d'une transaction qui est la première transaction du bloc. Cette transaction est à destination du mineur du bloc qui gagne les 12.5 bitcoins fraichement créés.

Le nombre de Bitcoins donnés en récompense baisse régulièrement. Il est divisé par deux régulièrement, cela s'appelle le "halving". Le "halving" arrive tous les 210000 blocs minés.

Théorie des jeux

Ce système de récompense participe à un mécanisme de théorie des jeux sans lequel Bitcoin ne pourrait pas exister. En effet, les mineurs ont intérêt à miner car ils obtiennent une récompense en Bitcoin. Ils y ont intérêt car les Bitcoin ont de la "valeur", notamment ils ont une valeur de marché. Cela est possible grâce à la rareté des Bitcoins donc grâce à l'émission monétaire via le minage.

Le minage étant une opération difficile, dans le sens où elle consomme de l'énergie et du temps, cela contribue à la rareté de Bitcoin et à leur donner une valeur. Comme nous l'avons vu précédemment, la difficulté est absolument indispensable au consensus, car elle impose d'avoir effectué un travail important pour créer un bloc et donc dissuade les fraudeurs de tenter la chose en fraudant le contenu du bloc. Cette preuve de travail se traduit également par une récompense et la boucle de la création de valeur est bouclée.

Ce concept de théorie des jeux où chacun a un intérêt dans le réseau est absolument fondamental dans Bitcoin. C'est grâce à ce mécanisme que le réseau s'est étendu et qu'aujourd'hui des milliers d'anonymes de par le monde contribuent à maintenir ce réseau. Il n'y a du coup pas besoin de gouvernance centrale. Chacun trouve un intérêt dans Bitcoin et ça fonctionne ainsi.

Certains disent que la vraie révolution apportée par Bitcoin c'est justement cet équilibre économique qui repose uniquement sur la théorie des jeux. Chacun trouve son intérêt et l'intérêt de chacun est aligné avec l'intérêt de tous. L'intérêt de chaque mineur à faire fonctionner le réseau s'exprime par la récompense qu'il gagne à chaque bloc miné. Cet intérêt est aligné avec l'intérêt de tous, car le mineur permet ainsi au réseau d'exister et de fonctionner.

A l'inverse l'intérêt des utilisateurs lambda est de pouvoir effectuer des transactions, c'est à dire de s'échanger de la valeur sur Internet et sans intermédiaire. En faisant des transactions les utilisateurs rémunèrent les mineurs qui gagnent des frais de transaction et donc ont intérêt à miner et à préserver le réseau. Là encore l'intérêt individuel est aligné avec l'intérêt commun.

Que se passera-t-il quand tous les Bitcoins seront créés ?

Il est difficile de savoir exactement ce qui se passera lorsque tous les Bitcoins auront été créés. On estime que cela arriverait en 2140 s'il n'y a pas de changement dans le protocole d'ici là. Dans ce cas les mineurs n'obtiendront plus de récompenses après avoir miné un bloc. Quel intérêt auront-ils alors de continuer leur travail ? Je vais vous donner trois éléments de réponse.

D'une part, il y aura toujours des frais de transactions sur chaque transaction. Ils seront légèrement plus élevés en % de chaque transaction qu'aujourd'hui. Donc les mineurs continueront de gagner de l'argent en minant.

De plus, Bitcoin se sera encore probablement nettement plus apprécié en valeur tandis que le coût de l'électricité (principale ressource pour miner) aura continué à baisser. En effet avec le développement des énergies renouvelables le coût marginal de l'électricité tend vers zéro et de nombreux mineurs s'installent de plus en plus sur des sources d'énergie renouvelables. A l'inverse les Bitcoins seront devenus des denrées rares qu'il faudra acheter à d'autres pour se procurer. Ainsi avec même un faible % de la valeur de chaque transaction cela couvrira les besoins énergétiques des mineurs.

Enfin, les mineurs sont aujourd'hui de très gros portefeuilles de Bitcoin. En effet, puisqu'ils en minent ce sont les premiers à s'en procurer et ils ont beaucoup de Bitcoins. Ils ne les écoulent pas trop vite sur le marché pour ne pas impacter le cours à la baisse et par conséquent on peut estimer que lorsqu'il n'y aura plus de nouveaux Bitcoins créés ils seront encore d'important détenteurs de Bitcoin. Ils auront donc intérêt à maintenir le réseau pour que leurs Bitcoins continuent d'avoir de la valeur. Ou au moins, il restera forcément des mineurs qui auront les poches encore remplies de Bitcoin et qui voudront maintenir le réseau.

Équilibre fragile soutenu par les baleines

Je viens de décrire un scénario optimiste, celui qui dit que Bitcoin durera pour toujours. Cependant cet équilibre de théorie des jeux pourrait également être rompu. Si par exemple la valeur de

Bitcoin baisse trop, alors que la difficulté du problème à résoudre reste la même, les mineurs n'auront plus intérêt à miner, et le réseau va donc tomber. La difficulté du problème et la récompense en face ne sont pas des variables ajustables. En revanche, le prix de Bitcoin sur le marché est fortement imprévisible. D'où le risque potentiel de dé-corrélation entre les deux.

Il y a cependant une soupape de sécurité qui fonctionne très bien aujourd'hui et qui repose sur les baleines. On appelle baleines les très gros portefeuilles de Bitcoins. Les mineurs en font partie. Un des paramètres fondamentaux de la valeur prix de Bitcoin est le nombre de Bitcoin effectivement "en vente".

Ce chiffre est sécurisé par le fait qu'aujourd'hui la très grande majorité des Bitcoins est entre très peu de mains proportionnellement aux nombres d'utilisateurs. En effet de par le mécanisme de halving beaucoup plus de Bitcoins étaient minés au début, ils étaient donc nettement moins chers, donc les premiers arrivés sur Bitcoin - et ayant gardés leur Bitcoin - ont donc pu acquérir beaucoup plus de Bitcoin que des personnes arrivées tardivement. De plus les mineurs concentrent une grosse partie des Bitcoin de par le fait qu'ils ont accès aux nouveaux Bitcoins en premier.

Ces acteurs, les baleines, ont fortement intérêt à ce que la valeur de Bitcoin continue de s'apprécier. On peut imaginer qu'ils contribuent particulièrement aux effets de paliers que l'on observe. Quand Bitcoin s'apprête à atteindre un palier, comme le palier de 10 000$ qui fut très long à franchir à nouveau après la bulle de fin 2017, le prix finalement décroit. On pourrait imaginer que ce sont ces gros acteurs qui revendent au moment où on atteint ces paliers qui sont probablement des paliers avant tout psychologiques.

Des investisseurs institutionnels sont entrés (officiellement) dans la danse en 2020. Micro Strategy qui a investi 300 millions de dollar, puis Paypal, puis Tesla qui a annoncé avoir acheté pour 1,5 milliards de dollar de Bitcoin. Ce sont les nouvelles baleines. Peut-être que ces nouvelles baleines vont changer la dynamique du marché en vertu de cycles moins extrêmes.

Une autre expression de la valeur

Une autre façon de voir que la valeur de Bitcoin croît est de regarder l'énergie dépensée pour faire fonctionner le réseau ou plus exactement de regarder la puissance moyenne du réseau, la puissance étant un rapport de l'énergie sur une durée.

On utilise pour cela ce que l'on appelle le Hash Rate. C'est le nombre de hash (en milliards) calculés par le réseau en 1 seconde. Cela exprime donc la puissance fournie par l'ensemble des acteurs de Bitcoin. Calculer un hash demande une dépense d'énergie électrique, le hash rate est donc une façon d'exprimer une puissance.

Le graphique ci-dessous montre très bien cette croissance de la puissance sur le réseau. Le graphique est en base log en

Le Hash Rate sur Bitcoin montre le nombre de hash calculés par les mineurs

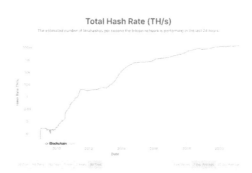

ordonnées. En base "log" qui est une abréviation de logarithmique base 10 dans ce cas, l'échelle fonctionne ainsi : on multiplie par 10 au lieu d'ajouter 1. Ainsi l'ordonnée passe de 1 à 100 à 1000 etc. Une croissance linéaire en base log est en réalité exponentielle. Tout ceci pour dire que la croissance du Hash Rate sur Bitcoin fut phénoménale.

Pourquoi tant de hash ? Le problème mathématique à résoudre pour sceller le bloc est de plus en plus difficile. En effet tous les 4 ans environ on impose un 0 supplémentaire au début du hash à trouver. Cela rend le hash beaucoup plus difficile à trouver donc il faut faire beaucoup plus d'essais. D'où plus de hash. Pour produire plus de hash il faut plus d'unités de productions de ces hash à savoir de fermes de minages. La croissance du hash rate reflète donc un investissement croissant d'acteurs pour miner. Soit il y a plus d'acteurs soit les acteurs existants minent plus.

Dans le cas où la difficulté n'est pas en train de passer un palier, on peut voir le hash rate tout de même augmenter car le prix du Bitcoin augmente attirant à nouveau plus de mineurs ou poussant les mineurs existants à investir plus d'énergie dans le réseau.

Dans tous les cas la confiance en Bitcoin croît et la théorie des jeux fonctionne, permettant au réseau de passer avec succès chaque accroissement de la difficulté.

Bitcoin et écologie

Comme nous venons de le voir, de plus en plus d'énergie est utilisée pour faire fonctionner Bitcoin. Dans un article de la BBC de février 2021, une étude de l'université de Cambridge montrait que Bitcoin consommait plus d'énergie que l'Argentine toute entière.

De nombreux détracteurs - à intervalle régulier - utilisent cet argument pour dire que Bitcoin pollue. Voici pourquoi cela est faux.

L'énergie utilisée pour faire fonctionner Bitcoin est électrique. Or, la plupart de cette énergie électrique provient de sources renouvelables… car c'est la moins chère !

Dans le dernier rapport de CoinShares sur le mining (2019), les analystes estimaient à 74% la part de l'électricité utilisée par le minage qui provenait de sources renouvelables.

Cela est logique étant donné que les sources d'électricité renouvelables sont les moins chères et que les infrastructures de mining peuvent se situer n'importe où sur le globe. La concurrence entre mineurs les pousse à accéder à cette électricité la moins chère possible.

Par conséquent, d'une façon assez paradoxale, Bitcoin a même contribué à l'accroissement de la production d'énergie renouvelable. Voici quelques exemples :

- Le Canada, dont l'énergie électrique est principalement verte, augmente chaque année sa production en raison de la demande des mineurs
- Certains sites industriels désertés qui utilisaient des moulins à eaux ont été transformés en usine de minage pour bénéficier de cette électricité gratuite
- L'Islande, grâce à sa géothermie, est devenue une géographie clé pour les mineurs de Bitcoin

Il est donc faux de dire que Bitcoin pollue.

Par ailleurs, la consommation énergétique de Bitcoin serait à comparer au coût énergétique de la finance centralisée traditionnelle : les banques avec leurs bureaux (climatisés), leurs banquiers se rendant au bureau (en voiture), le stockage (inefficient et fortement répliqué) de leur data, etc…

Ce coût énergétique est probablement lui aussi comparable à la consommation d'un pays et ne repose certainement pas sur 74% d'énergie renouvelables… Je ne trouve cependant ni étude, ni commentaires sur le sujet.

PARTIE II : A QUOI SERT LA BLOCKCHAIN ?

7. INTRODUCTION A LA BLOCKCHAIN EN ENTREPRISE

Après avoir lu les chapitres précédents, quand bien même vous ne les auriez pas tous lu, vous devriez avoir une meilleure compréhension de ce qu'est la blockchain. Nous allons maintenant regarder comment utiliser cette technologie dans un contexte en entreprise.

A. Historique

L'utilisation de la blockchain en entreprise est un sujet qui a commencé à faire du bruit à partir de 2017 environ. C'est à cette époque que, notamment sous l'impulsion de géants de l'informatique tels que Microsoft et IBM, de grandes sociétés ou groupes ont commencé à notoirement s'intéresser au sujet. Il est possible que certaines entreprises s'y soient intéressées plus tôt, mais cela n'a pas fait beaucoup d'échos à l'époque.

C'est donc dans un contexte de "buzz" qui a causé la bulle des marchés cryptos qu'un certains nombres d'entreprises ont commencé à s'intéresser aux sujets et pour certaines d'entre elles à communiquer dessus.

Un exemple est le groupe LVMH. Ils ont annoncé leur projet de blockchain de consortium en début d'année 2019 en précisant que cela faisait plus d'un an qu'ils travaillaient sur le sujet, ce qui revient à début 2018.

B. Thématiques traitées

Il semblerait que la principale thématique traitée par les entreprises lorsqu'elles s'intéressent à la blockchain soit la thématique de la traçabilité. On utilise la blockchain pour tracer une matière ou un produit le long de sa supply chain.

Cependant, de l'expérience que j'ai eue moi-même au sein d'un grand groupe en France, la réalité est que l'on communique peu voire pas du tout sur les expérimentations blockchain que l'on réalise. En effet les projets sont souvent lancés à petite échelle et sans faire de communication dessus afin de se garder la liberté de maintenir ou non ce service selon si on juge que c'est un succès ou non. Cette approche est d'ailleurs très bénéfique à l'innovation et j'y reviendrai plus loin dans ce livre.

Par conséquent il est très difficile de savoir quelles sont les thématiques traitées par les entreprises qui s'intéressent à la blockchain. Nous ne pouvons avoir que quelques exemples de projets qui ont plutôt réussi, mais nous ne pouvons pas savoir ce qui a été testé.

Nulle raison pour autant de refermer à l'instant ce livre car nous allons voir dans les chapitres suivant comment justement trouver vous-même de bons cas d'usages et je vous donnerai de nombreux exemples à cette occasion.

L'approche que je vous propose de suivre est la suivante. Nous allons commencer par une méthode qui permet de définir un bon cas d'usage blockchain. L'objectif ici est d'identifier si le problème qui se pose à vous a une solution blockchain. Ensuite je vais vous donner deux outils très puissants pour utiliser la blockchain.

Dans un chapitre suivant nous verrons concrètement avec des exemples comment cela peut se traduire en projets d'entreprise. Enfin dans un dernier chapitre sur cette thématique je vais vous donner des conseils pour réussir vos projets blockchain.

8. UN BON CAS D'USAGE

L'objectif de cette partie va être de vous guider pas à pas pour évaluer par vous -même si vous avez sous les yeux un bon cas d'usage blockchain ou non.

Vous allez comprendre que cela demande du travail et une très bonne connaissance de votre business ou de vos enjeux. Je sais que du support dans cette démarche peut être fortement appréciée puisque j'en ai fait mon métier. Vous allez voir qu'avant de rentrer dans les détails techniques d'implémentations cela ressemble beaucoup plus à une approche stratégique. En tout cas c'est l'approche que je défends, celle qui valorise avant toute chose l'impact.

Je vais parler en termes "business" car c'est le milieu dans lequel j'évolue. Cependant il est tout à fait possible d'appliquer une démarche similaire dans le cas d'activités caritatives. Je demanderai donc à mes lecteurs concernés par ces sujets de traduire par eux même le sens d'impact business en impact social ou environnemental selon leur focus. Dans tous les cas il s'agit d'avoir de l'impact.

A. Un cas d'usage ou "business case"

Définition d'un business case

A la base de votre réflexion, avant même de parler de technologie doit se trouver la question du cas d'usage ou "business case".

Selon moi un business case est un problème aux contours suffisamment précis pour que vous puissiez mesurer l'impact de votre résolution. On peut envisager un business case en entreprise comme on envisage la création d'une startup. J'encourage dans ce sens mes lecteurs qui travailleraient en entreprise et s'intéressent à l'innovation à lire l'ouvrage Lean Startup d'Éric Ries. Il s'adresse bien évidemment aux startups mais pas seulement, également aux entreprises qui souhaitent lancer des programmes innovants dans le but de trouver des relais de croissance.

Un business case n'a pas forcément l'ambition de devenir un futur relais de croissance. Ça peut être une amélioration du business existant, voir ne pas avoir d'impact sur le chiffre d'affaires. Cependant il est très important que le business case, comme son nom l'indique, ait un impact sur le business. Ça peut aller de l'efficacité opérationnelle à la satisfaction client, en passant par la marge nette.

Le choix des business case est intimement lié à la stratégie et aux valeurs cardinales de votre entreprise. Comme nous allons le voir à travers quelques exemples.

Ma définition du business case est donc une problématique à laquelle vous pouvez apporter une solution. L'analogie avec une startup est très forte car dans une startup l'objectif est bien de créer un produit qui apporte une solution à un problème. J'ai ajouté la dimension de mesurabilité du problème et de sa solution en cohérence avec la vision d'Éric Ries.

Des exemples de business case

Je vais ici utiliser des exemples fictifs mais inspirés de mes 7 années d'expériences de conseil en direction d'entreprise et de mon passé dans la finance. Je choisis volontairement de ne pas donner de nom d'entreprise et de traiter des cas fictifs pour le respect de la confidentialité de mes clients, qui s'ils lisent ses lignes reconnaîtront que je me suis inspirée d'eux en respectant leur secret.

Je choisis sciemment des business case qui ont un lien ou non avec la blockchain.

Un transporteur européen par camion

Qui : l'entreprise de transport pan-européen

Sa cible : ses partenaires transporteurs en France

Problème : la livraison en France est cause de frustration pour ses clients. La partie pan-européenne se passe de façon efficace et à faible coût mais pour les derniers kilomètres en France c'est beaucoup plus compliqué car il faut passer par des partenaires transporteurs en France et ces derniers sont peu professionnalisés et souvent ne couvrent pas tout le territoire.

Business case : est-il possible de proposer un meilleur service pour le transport à l'intérieur du territoire français en le prenant en charge soi-même via l'acquisition d'un acteur à développer ou un partenariat avec un acteur national ?

Impact business : développer une nouvelle ligne d'activité complémentaire de l'activité actuelle à fort potentiel de cross sell (ventes croisées).

Une marque de montres de luxe

Qui : une maison horlogère

Sa cible : ses clients

Problème : les clients utilisent leurs cartes de garantie pour montrer qu'ils ont bien acheté une montre authentique. Cela leur permet notamment de faire appel au service après-vente ou de revendre leur montre. Le problème est que cette carte peut-être perdue et c'est un objet physique, il faut donc l'envoyer par la poste dans le cas d'échange à distance.

Business case : est-il possible de faciliter l'authentification à distance d'une montre de luxe et ainsi favoriser le marché de la seconde main qui se passe de plus en plus sur Internet ?

Impact business : cela permettrait de valoriser la marque par des produits qui s'échangeraient plus et mieux en seconde main.

Une banque d'affaires

Qui : une équipe de quant trading

Sa cible : des traders de l'étage au-dessus

Problème : les traders n'ont pas le temps de lire toutes les notes d'analystes lorsqu'elles sortent. Or lorsqu'une note d'analyste sort sur une entreprise cela peut avoir un impact sur le cours de bourse car la note va contenir des recommandations d'achat ou de vente du stock.

Business case : est-il possible de "lire" automatiquement ces notes pour que les traders puissent plus rapidement passer des ordres ?

Impact business : en lisant automatiquement cela permettrait de lire plus systématiquement et donc de saisir plus d'opportunités de réaliser un trade intéressant. De plus l'automatisation permettrait d'être plus rapide donc de prendre la décision avant que les autres traders ne la prennent et donc de maximiser le profit.

B. Quelques frameworks de questionnements

Une fois que nous avons un business case bien défini on peut commencer à s'interroger de la pertinence ou non d'utiliser la blockchain.

L'idée est de suivre une méthode qui aboutira au choix

- Oui la blockchain peut être un moyen d'atteindre l'objectif ou
- Non la blockchain n'apportera rien dans ce cas

Vous remarquerez que le non est très catégorique tandis que le oui est moins ferme. En général la blockchain est un moyen parmi d'autre d'atteindre un objectif, il en existe en général d'autres qui sont les solutions qui sont utilisées aujourd'hui.

L'étape suivante dans une démarche rigoureuse sera donc d'évaluer si la blockchain est une meilleure solution que d'autres pour remplir cet objectif.

Étant donné que notre objectif est de répondre à oui ou non de façon catégorique de très bonnes méthodes de décisions sont les arbres de décisions où l'on pose des questions intermédiaires auxquelles on doit répondre oui ou non.

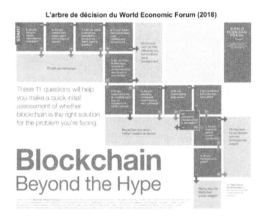

La version du World Economic Forum

Il est très rigoureux et exclut rapidement de nombreux cas. Il met en avant le cas d'usage principal qui est celui d'une base de données qui permet à des acteurs de se faire confiance directement sans avoir à passer par un intermédiaire. Ce qui est intéressant c'est qu'il inclut des notions de performances.

Mon framework

Maintenant que nous avons étudié des frameworks plutôt complexes, je vais vous proposer mes frameworks. Pour moi, il y a deux approches : l'approche business case et l'approche feuille blanche. Dans le premier cas on a déjà en tête un business case pour lequel on se pose la question de savoir si la blockchain peut être un moyen d'atteindre l'objectif. Dans le second cas, on n'a pas identifié de business case spécifique et on démarre de zéro, d'où la feuille blanche.

Approche feuille blanche

2. Identifier un processus business

    - La blockchain est une technologie qui peut faciliter des processus. Un processus business pour moi va être l'ensemble des relations entre des fournisseurs et leurs clients. Cela peut concerner des relations fournisseurs clients directs ou distants.
    - Par exemple
        - Cas 1 : une marque vend des sacs à main à ses clients dans ses magasins
        - Cas 2 : un bijoutier fabrique une bague à l'aide d'un diamant qui provient d'une mine ; entre le bijoutier et la mine il y a de nombreux intermédiaires

Mapping des parties prenantes

    - L'objectif est de comprendre qui sont les différentes parties prenantes dans ce processus

- Par exemple
  - Cas 1 : la marque, l'ensemble des magasins de la marque, les clients
  - Cas 2 : le bijoutier, ses fournisseurs directs de diamants, leurs fournisseurs et ainsi de suite jusqu'à la mine

Désintermédiation

- Identifier quel acteur on souhaiterait supprimer du processus pour quel bénéfice. Ce doit être un acteur qui apportait de la confiance au moment de réaliser un échange.
- Par exemple
  - Cas 1 : personne, on ne souhaite pas désintermédier le magasin ou la marque de sa relation avec le client
  - Cas 2 : on pourrait vouloir supprimer des intermédiaires entre la mine et le bijoutier qui serait uniquement des revendeurs de confiance ; il faudrait pour cela évaluer l'impact business éventuel de cette suppression

Numérisation

- Il faut s'assurer que le processus business est déjà entièrement numérique ou qu'il est possible de la traduire numériquement avec une très grande précision.
  - Cas 3 : imaginons une assurance pour une voiture, c'est un processus entièrement dématérialisé car il est réalisable entièrement sur Internet

- Cas 2 : cela signifie que nous devons avoir un suivi numérique du diamant parfait ; c'est à dire parfaitement fidèle à la réalité physique

En ayant réalisé ces quatre étapes on doit arriver à concevoir ou non un cas d'usage blockchain. Le choix ensuite de mettre en œuvre un projet blockchain dépendra d'un calcul coût bénéfice sur ce cas d'usage. Normalement à l'étape 3, on aura commencé à estimer les bénéfices d'une solution blockchain. En ce qui concerne le coût, cela nécessitera de contacter des prestataires idéalement sous la forme d'un appel d'offre.

Je déconseille très fortement de sélectionner un prestataire avant d'avoir identifié précisément l'impact d'une désintermédiation sur votre business. Vous pourriez vous faire avoir par des startups qui vous vendront des projets à plusieurs millions alors que vous ne comptez absolument pas utiliser une solution décentralisée. Au mieux cela apportera tout de même de la dématérialisation de vos flux, au pire vous vous retrouverez avec une couche de complexité informatique très coûteuse et complètement superflue.

Approche business case

L'approche business case est selon moi la plus pertinente car vous partez déjà d'un problème business. Vous n'êtes donc probablement pas en train d'essayer de faire de la blockchain pour faire de la blockchain, comme hélas beaucoup trop d'entreprises. Les cas d'usage dépourvus de décentralisation causent du tort à la réputation de la blockchain. Ils sont coûteux et parfaitement inutiles.

L'approche business case est très simple, elle consiste à reprendre les points 2, 3 et 4 de l'approche feuille blanche :

2.   Mapping des parties prenantes

3.   Désintermédiation

4.   Numérisation

La différence est qu'au lieu de partir d'un processus business, donc un concept large, on part avec une hypothèse d'impact business potentiel, donc un concept plus étroit. L'immense avantage est donc qu'on a une approche qui valorise avant tout l'impact business.

Mieux qu'un long discours je vais dérouler des exemples sur la base des business cases précédents.

Un transporteur européen par camion

Qui : l'entreprise de transport pan-européen

Sa cible : ses partenaires transporteurs en France

Problème : la livraison en France est cause de frustration pour ses clients. La partie pan-européenne se passe de façon efficace et à faible coût mais pour les derniers kilomètres en France c'est beaucoup plus compliqué car il faut passer par des partenaires transporteurs en France et ces derniers sont peu professionnalisés et souvent ne couvrent pas tout le territoire.

Business case : est-il possible de proposer un meilleur service pour le transport à l'intérieur du territoire français en le prenant en charge soi-même via l'acquisition d'un acteur à développer ou un partenariat avec un acteur national ?

Impact business : développer une nouvelle ligne d'activité complémentaire de l'activité actuelle à fort potentiel de cross sell (ventes croisées).

- Mapping des parties prenantes
  - Les transporteurs de groupage pan-européen : Peu nombreux, situation assez oligopolistique suite à une concentration du secteur, ils sont très professionnels étant efficaces, rapides et fiables. Leurs services sont peu coûteux par rapport à du transport traditionnel (hors groupage) pour de petits volumes
  - Les transporteurs nationaux souvent locaux : Très nombreux à l'échelle du territoire national mais parfois en situation de monopole sur certaines régions. La situation de monopole local semble nuire à la qualité de la prestation et les tarifs sont élevés.
  - Agences : leur rôle est de trouver les transporteurs nationaux pour finir d'acheminer les marchandises ou à l'inverse de trouver des acteurs de groupage pan européens pour optimiser les coûts de transports internationaux. Les agences sont nombreuses, ce sont de petites structures souvent localisées à proximité des hubs logistiques français.
- Désintermédiation
  - Il y a un potentiel de désintermédiation à supprimer les agences pour que les transporteurs soient en contact

direct entre eux et avec leurs clients. Les agences prennent en effet une commission. Cependant, les agences amènent également du business à tous ces acteurs.

- Numérisation

  - Le niveau de numérisation de cette activité est assez bas. Les agences fonctionnent de façon assez traditionnelle en appelant directement les transporteurs et les clients. Cependant, elles ne gèrent pas physiquement les flux mais uniquement de façon "virtuelle" car elles ne reçoivent jamais la marchandise. Il y a donc une possibilité dans le futur de numériser cette profession.

- Conclusion

  - Il pourrait y avoir un cas d'usage blockchain si les acteurs voient un bénéfice à se passer des agences comme intermédiaires. Cependant, cela impliquerait un gros effort de numérisation du secteur et la mise en place de standards pour l'ensemble des acteurs afin qu'ils puissent utiliser une même plateforme. Les accords commerciaux entre les transporteurs qui se succèdent pour acheminer de la marchandise pourraient être modélisés par des tokens par exemple pour éviter des flux d'argent. Il reste à identifier un business model car le fonctionnement de cette nouvelle plateforme aura un coût.

  - Est-ce qu'il serait possible de le faire sans blockchain ? Potentiellement oui si les acteurs sont d'accord pour qu'une entité centralisatrice gère la plate-forme et les flux ce qui serait a priori le plus simple en termes de gouvernance. Cependant, avec une blockchain on aurait un système plus autonome où les accords commerciaux se concrétiseraient avec des échanges de tokens évitant ainsi d'avoir à se mettre d'accord "manuellement". Mais cela n'aurait du sens que si les acteurs utilisant le système possèdent réellement les tokens en question et que cette possession n'est pas déléguée à une plateforme centralisatrice.

Une marque de montre de luxe

Qui : une maison horlogère

Sa cible : ses clients

Problème : les clients utilisent leurs cartes de garantie pour montrer qu'ils ont bien acheté une montre authentique. Cela leur permet notamment de faire appel au service après-vente ou de revendre leur montre. Le problème est que cette carte peut-être perdue et c'est un objet physique, il faut donc l'envoyer par la poste dans le cas d'échange à distance.

Business case : Est-il possible de faciliter l'authentification à distance d'une montre de luxe et ainsi favoriser le marché de la seconde main qui se passe de plus en plus sur Internet ?

Impact business : Cela permettrait de valoriser la marque par des produits qui s'échangerait plus et mieux en seconde main.

- Mapping des parties prenantes
  - Les clients qui achètent les montres de luxe

- La maison horlogère qui fabrique les montres et assure leur service après-vente

- Les revendeurs (bijoutiers) qui revendent les montres

- Les fournisseurs de cartes de garantie

- Les plateformes de revente d'objets de seconde main

- Désintermédiation

  - Ici l'objectif serait qu'un client puisse prouver qu'il détient une montre authentique sans pour autant avoir à la faire authentifier par un revendeur bijoutier ou la maison horlogère elle-même. On désintermédierait le bijoutier voire la maison horlogère. Cette désintermédiation donnerait une valeur plus universelle à la montre ou à sa garantie car cette valeur ne dépendrait plus seulement de l'interprétation / authentification d'un bijoutier ou d'un horloger. Elle serait démontrable de façon numérique.

- Numérisation

  - L'univers est là aussi peu numérisé, on parle de carte de garantie physique et de montres. Quand bien même on représenterait ces objets en version numérique comment faire le lien avec la réalité physique ? Le meilleur moyen à date consiste à utiliser les numéros de série des montres, en particulier les numéros des mouvements à l'intérieur de la montre.

- Conclusion

  - Le potentiel de désintermédiation est fort car il apporte de la valeur directement au produit. Cependant, le point faible dans ce cas est la numérisation. Il faut commencer par créer un objet numérique qui puisse ensuite être protégé par une blockchain.

- C'est ce que nous avons fait avec la maison de haute horlogerie Ulysse Nardin. Nous avons créé une version numérique de la carte de garantie. Cette version numérique est nominative et sous la forme d'un PDF. C'est un document "portable" que le client peut recevoir et envoyer par mail ou tout autre moyen. Nous avons utilisé une blockchain publique, Bitcoin, pour ancrer ce certificat après l'avoir signé numériquement du nom de la marque.

- Toute personne en possession d'un de ces PDFs peut en vérifier l'authenticité aussi bien sur le site d'Ulysse Nardin que sur n'importe quel autre site qui permet de retrouver des ancres sur Bitcoin. Le mécanisme utilisé sera décrit plus tard dans le livre lorsque je traiterai des use cases qui existent sur le marché.

- Nous utilisons dans ce cas la blockchain pour certifier nos PDFs de façon décentralisée. Nous aurions pu sinon certifier les PDFs par des moyens traditionnels c'est à dire via des entreprises de certification. La faiblesse de ce système via des entreprises est que la certification n'a de la valeur que tant que l'entreprise existe ou du moins, même si elle a disparu que son expertise est toujours reconnue. Par ailleurs, le fait d'utiliser une blockchain publique s'avère moins coûteux. Enfin le dernier avantage est la valeur universelle de cette certification. La certification blockchain étant purement algorithmique elle pourra être reconnue facilement dans n'importe quelle juridiction.

Une banque d'affaires

Qui : une équipe de trading quantitatif

Sa cible : des traders de l'étage au-dessus

Problème : les traders n'ont pas le temps de lire toutes les notes d'analystes lorsqu'elles sortent. Or lorsqu'une note d'analyste sort sur une entreprise cela peut avoir un impact sur le cours de bourse car la note va contenir des recommandations d'achat ou de vente du stock.

Business case : est-il possible de "lire" automatiquement ces notes pour que les traders puissent plus rapidement passer des ordres ?

Impact business : en lisant automatiquement cela permettrait de lire plus systématiquement et donc de saisir plus d'opportunités de réaliser un trade intéressant. De plus, l'automatisation permettrait d'être plus rapide donc de prendre la décision avant que les autres traders ne la prennent et donc de maximiser le profit.

- Mapping des parties prenantes
  - Les traders
  - Les quants qui les assistent

- Les analystes financiers qui rédigent des notes sur des entreprises donnant des recommandations d'achat ou de vente

- Désintermédiation

  - Le potentiel de désintermédiation ici serait de remplacer le trader en prenant la décision à sa place. Cependant, pour des raisons légales et de responsabilité même si c'est un algorithme qui décide d'acheter ou de vendre, il y aura forcément une personne qui restera responsable de ce qui a été fait.

- Numérisation

  - Le flux est déjà complètement numérisé. L'achat et la vente d'action se fait de façon numérique, les notes d'analystes sont des fichiers PDFs mis à disposition sur des plateformes dédiées.

- Conclusion

  - En raison de l'absence de personne à désintermédier ce n'est pas un bon cas d'usage blockchain. Il semble y avoir un intérêt à automatiser. Une partie voire la totalité de la prise de décision pourrait être automatisée et pour cela l'intelligence artificielle peut s'avérer être un atout. Le concept du "machine learning", technologie à la base de l'intelligence artificielle, est qu'une machine soit capable de prendre des décisions aussi complexes que celles que des humains réalisent. Pour cela on "entraîne" la machine en lui donnant un grand nombre* de données pour qu'à chaque nouvelle donnée elle puisse faire une prédiction.

- Il arrive souvent de confondre des cas d'usages potentiels de l'intelligence artificielle avec des cas d'usage blockchain. Cela est dû en particulier au fait qu'on a beaucoup dit que la blockchain permettait d' "automatiser" grâce notamment aux "smart contracts". Ce n'est pas exact la blockchain permet de désintermédier et de numériser mais pas directement d'automatiser. L'automatisation se fait à niveau basique par du code ou des scripts. Et à un niveau plus sophistiqué par de l'intelligence artificielle. On peut introduire de l'automatisation via du code et des scripts dans un projet blockchain mais ce n'est pas la technologie blockchain en elle-même qui aura favorisé l'automatisation.

- Les algorithmes d'intelligence artificielle les plus courants, et les plus éprouvés, fonctionnent lorsque l'on a beaucoup de données à disposition. C'est pour cela que ce domaine s'appelait il y a quelques années le "big data". Il y a cependant des algorithmes d'intelligence artificiels de plus en plus sophistiqués qui utilisent de moins en moins de données.

A retenir

Un bon cas d'usage blockchain est avant tout un bon business case, c'est à dire un cas où il y a impact positif sur le business. Cela est transposable dans le monde caritatif avec de l'impact social ou environnemental.

Pour comprendre si la blockchain est un bon moyen d'atteindre un objectif il est nécessaire d'identifier une opportunité de désintermédiation. Cela passe par comprendre qui sont les parties prenantes et laquelle ou lesquelles peuvent être supprimées. La désintermédiation doit également forcément avoir un bénéfice. Enfin il faut s'assurer qu'il y a un niveau de numérisation suffisant, idéalement que c'est un process déjà entièrement numérique.

L'étape finale pour décider de lancer un projet consistera à faire une étude coût-bénéfice en étudiant les différentes possibilités de réalisation techniques d'une part et l'intérêt des parties prenantes à se mettre d'accord sur un objectif et des moyens communs d'autre part.

9. COMMENT UTILISER LA BLOCKCHAIN ?

Avant de vous donner des exemples concrets de cas d'usage utilisant la blockchain en entreprise je dois vous donner encore 2 définitions assez théoriques. On rentre tout de même dans des concepts plus pratiques mais ça va rester assez abstrait. Ce sont des outils que l'on va utiliser ensuite lorsque je vais vous parler d'exemples en entreprise. Ca me permettra d'expliquer comment on fait concrètement de façon plus synthétique.

Voici ma boîte à outil de la blockchain :

- Ancrage
- Token

Lorsque l'on utilise des tokens on a une utilisation plus exhaustive de la blockchain, mais la technique d'ancrage est plus simple d'utilisation et surtout beaucoup moins contraignante que le token.

A. Ancrage

L'ancrage consiste à inscrire une donnée dans une blockchain pour pouvoir vérifier après coup que cette donnée existait. C'est pour cela qu'elle va être utilisée dans les cas d'usage de "vérité numérique".

Concrètement cela consiste à ajouter des données à une transaction inscrite dans une blockchain. On peut voir cela comme un commentaire associé à une transaction. Dans le cas de Bitcoin on peut ajouter ces "commentaires" dans un champ pour chaque transaction. En revanche, le champ est assez court donc la donnée que l'on souhaite enregistrer doit elle aussi être brève. C'est pourquoi en général la donnée que l'on inscrit est un hash d'une donnée plus complexe.

On appelle ce procédé l'ancrage car il permet à un instant donné d'ancrer dans le marbre une information. Le hash que l'on inscrit dans la transaction est souvent lui-même appelé l' "ancre".

B. Tokens

Pour rappel, un "token", qui signifie "jeton" en français; fonctionne comme un Ether ou un Bitcoin. Il s'échange d'un utilisateur à un autre par le biais de "wallet". La différence c'est que le token s'appuie sur une blockchain existante, en l'occurrence Ethereum. Pour créer des tokens, il suffit d'écrire un smart contract qui va créer un asset digital, un token donc, sur la blockchain Ethereum (en général).

Le token est le moyen le plus direct d'utiliser la blockchain. Les tokens sont des objets numériques uniques et non copiables. Les tokens sont créés et potentiellement un jour détruits comme des objets physiques que l'on connait. Ils ont une autre caractéristique intéressante : ils doivent être détenus dans un wallet (ou portefeuille crypto).

En raison de ces deux caractéristiques, on les utilise dans les cas d'usage d'entreprise pour représenter un transfert de propriété. On les associe souvent à un objet de valeur pour ceux qui les possèdent et ainsi le transfert de ce token représente un transfert de valeur.

Le cas d'usage le plus évident est celui de la cryptomonnaie. Un grand nombre de cryptomonnaies sont en fait des tokens. Et d'un point de vue plus large de token, un coin est un token. Si on ne définit plus un token comme un jeton qui s'appuie sur une blockchain existante mais tout simplement comme un jeton numérique. J'élargis ici cette définition de token d'une façon qui risque de faire bondir certains de mes amis, mais c'est parce que je souhaite parler de l'usage de cryptomonnaies en entreprise et pour moi cela va rentrer dans une utilisation de type "token".

C. Différence entre ancrage et token

Schéma résumant les principales différences entre ancrage et token.

La différence est principalement l'usage : l'ancrage sert à créer des preuves numériques tandis que les tokens servent à représenter la propriété de quelque chose que l'on modélise par le token.

La principale contrainte de l'utilisation des tokens est que l'on doit utiliser un wallet ce qui est une grosse limite aujourd'hui étant donné la très faible adoption des wallets encore. Mais la contrepartie de cela est que les tokens permettent de mettre en place des usages beaucoup plus décentralisés car les détenteurs des tokens dans les wallets sont normalement libres d'utiliser leurs tokens comme ils le souhaitent.

J'en profite pour dénoncer ici la source de nombreuses arnaques et cas qui n'ont aucun sens : tout cas d'usage qui utiliserait des tokens sans fournir à ses utilisateurs des wallets et les clés pour y accéder sont des non-sens. Le token n'a de sens que s'il y a wallet et donc possession réelle du token par ses utilisateurs. Même si c'est extrêmement contraignant dans un contexte où ni les individus et encore moins les entreprises connaissent le fonctionnement des wallets c'est pourtant une nécessité.

La conséquence de ce mode de fonctionnement avec les wallets et les tokens est qu'il n'y a plus de contrôle sur la vie des tokens. S'il y a toujours un contrôle cela veut dire qu'il n'y avait pas besoin de token, ni de blockchain, mais bien d'une base de données centralisée. Donc les utilisateurs possèdent leurs tokens et doivent pouvoir en faire ce qu'ils veulent. C'est pour ça par exemple que les points de fidélité dans une marque ne sont pas "tokenisé" car les marques n'ont pas intérêt à ce que leurs clients fassent ce qu'ils veulent avec leurs points. Imaginez sinon, il y aurait par exemple un marché secondaire des miles de compagnie aérienne ce qui en donnerait leur vraie valeur, probablement inférieure à celle perçue par ses clients. Pour qu'il n'y ait pas de "contrôle" et que les utilisateurs possèdent réellement leurs tokens cela veut aussi dire qu'ils ne doivent pas pouvoir être confisqués par la marque non plus, il doit donc y avoir décentralisation de la gouvernance du service. C'est pourquoi en dernier point sur le schéma j'indique que ce mode d'utilisation de la blockchain en entreprise implique la création d'un consortium.

L'avantage de la technique d'ancrage est donc qu'elle ne nécessite pas d'utilisation de wallet. Cependant le wallet avait un très grand avantage c'est qu'il permettait, dans une certaine mesure, d'identifier des "responsabilités". Chaque wallet détenant un token en est responsable. La façon de répondre à ce problème dans le cas de l'ancrage consiste à signer numériquement l'ancre avant de la mettre dans la blockchain. Ainsi on compense cette absence de responsabilité identifiée. Cependant, on ne pourra pas traduire une propriété avec un sens aussi ferme que le token.

Dans le cas de l'utilisation de l'ancrage en entreprise, il s'agira plus d'un service fournit par une entreprise à ses clients de façon relativement traditionnelle. La différence sera qu'au lieu de faire appel à des tiers pour certifier sa donnée l'entreprise va s'appuyer sur une solution décentralisée et donc potentiellement plus sûre et plus pérenne pour ancrer ses informations dans le marbre.

A retenir

Il existe deux grandes façons d'utiliser la blockchain en entreprise, le token et l'ancrage. Le token permet de représenter une propriété numérique et il est donc indissociable du wallet. Les wallets étant encore aujourd'hui peu utilisé cela contraint les cas d'application des tokens. L'ancrage est un moyen simple de bénéficier du caractère immuable de ce qui est inscrit dans une blockchain. Cela permet de créer des preuves numériques horodatées et infalsifiables.

10. LES PRINCIPAUX CAS D'USAGE D'ENTREPRISE

Voici un chapitre pour vous donner des inspirations de cas d'usage en entreprise. Il y a selon moi aujourd'hui 4 thématiques de cas d'usage pertinents en entreprise:

- Vérité numérique
- Cryptomonnaie
- Collection
- Flux

Ces cas découlent de différentes façons d'utiliser la blockchain :

- Ancrage
- Token
- Potentiellement les deux

Les principaux cas d'usage de la blockchain

Vérité digitale	Flux	Cryptomonnaie Collection
Ancrage	Ancrage ou token	Token

Les différents cas d'usage d'entreprise et la façon de les réaliser en utilisant la blockchain

Ces thématiques ont des applications plus ou moins nombreuses en entreprises et sont à des niveaux de maturité de marché très différents. Par exemple, les cryptomonnaies sont à un niveau de maturité plus important car Bitcoin a déjà plus de 10 ans et les cas d'application d'une monnaie numérique sont nombreux et assez évidents.

Je vais décrire ce que j'entends pour chacune de ces thématiques en prenant le soin à chaque fois de donner des exemples.

A. Vérité numérique

La blockchain peut être utilisée pour créer de la vérité numérique. En effet, une fois que la donnée se trouve sur une blockchain, il est impossible de revenir dessus et de la falsifier. La blockchain la plus sûre qui existe pour cela est la blockchain de Bitcoin. En effet, toutes les transactions qui ont été écrites sur Bitcoin depuis le début sont restées depuis et ne peuvent pas être modifiées.

Cependant, l'inconvénient de Bitcoin c'est qu'on ne peut pas écrire n'importe quelle donnée sur la blockchain. La seule donnée qui peut être écrite est un mini programme qui permet de reconstituer une transaction traduisant un échange de Bitcoin de A vers B. Cela est finalement assez limité alors que le potentiel d'inscrire de l'information qui ne pourra plus après coup être modifiée est lui énorme.

Imaginez le livre d'histoire ultime sur lequel on ne pourrait pas revenir après coup. S'il était possible de traduire de façon exacte les faits dans une blockchain infalsifiable comme Bitcoin on pourrait après coup avoir une preuve irréfutable que ces faits se sont passés. La qualité de la preuve ne dépend évidemment pas seulement de la qualité de l'endroit et la façon dont elle est sauvegardée. Elle dépend aussi de la qualité de l'information et de la façon dont elle a été collectée. Pour autant avoir la garantie que l'information que l'on consulte est authentique c'est à dire absolument identique au moment où elle a été émise, a énormément de valeur. Cette valeur va d'ailleurs probablement devenir une valeur légale dans les années à venir.

Cas concrets

Aujourd'hui en France, des huissiers s'intéressent à cette technologie. Ils voient là un moyen de renforcer un réseau de preuves opposables un jour à un juge.

Quand on y réfléchit aujourd'hui, nous vivons avec des documents digitaux dont nous n'avons aucune garantie de la provenance. La plupart des PDFs que nous recevons par exemple n'ont pas de signature numérique et il serait très facile de les falsifier. En effet, une personne un peu débrouillarde en informatique, même pas un hacker, serait en mesure de créer un faux PDF.

Imaginons par exemple que je sois sans domicile fixe et que je souhaite pour autant ouvrir un compte en banque. En France il sera nécessaire pour cela de fournir un justificatif de domicile. Ce justificatif peut être une facture de gaz, d'eau, d'électricité, de téléphone ou autres ou encore une quittance de loyer ou une attestation d'assurance, etc…

Le SDF sera donc en incapacité de fournir un tel document. Imaginons qu'il arrive à se procurer la version PDF de la facture d'électricité d'une personne tierce. Il serait alors très facile de modifier le nom de la personne sur le PDF de la facture pour y mettre le sien. Il n'y aurait plus alors qu'à envoyer le nouveau PDF à la banque pour l'ouverture du compte. Il est possible que la banque fasse une vérification en interrogeant le fournisseur d'électricité pour vérifier la facture mais c'est peu probable car trop coûteux en temps. Aujourd'hui il n'existe pas de moyen simple et peu coûteux de vérifier qu'une facture est authentique.

Supposons maintenant que le fournisseur d'électricité en question, disons Direct Énergie, ait décidé de protéger ses factures sur la blockchain. Dans ce cas, la version modifiée ne sera plus valide. La banque pourrait à l'aide d'un simple glisser-déposer sur une page web vérifier que le PDF est intègre et n'a pas été modifié sans avoir à contacter Direct Énergie.

Cette méthode peut être utilisée pour créer ce que l'on appelle des "preuves d'existence". Car la trace dans la blockchain a un autre avantage en plus d'être infalsifiable, elle est horodatée. On peut donc avoir la certitude qu'une information existait à un moment donné. Voici un autre exemple réel pour expliquer cela.

Le groupe EDF, groupe français de production, fourniture et distribution d'électricité, a mis en place une protection blockchain de ses communiqués de presse. Chacun des communiqués est ancré dans la blockchain en format PDF. Ainsi les journalistes qui récupèrent ces PDFs, parfois par le biais d'agences peuvent vérifier que ces PDFs sont authentiques par un simple glisser déposer sur le site d'EDF (ou sur d'autres sites d'ailleurs puisque EDF utilise la blockchain Bitcoin explorable pour toute personne ayant un nœud). Ainsi s'ils annoncent une nouvelle, par exemple "EDF va construire une nouvelle centrale nucléaire", cette nouvelle sera horodatée et toute personne qui aura téléchargé le PDF pourra, tant que Bitcoin existe, prouver qu'EDF a bien déclaré construire une nouvelle centrale à une date donnée. La blockchain fournit ainsi une preuve d'existence. Cette preuve sera même valide si EDF n'existe plus ! Il suffit d'une personne possédant le PDF et de la blockchain Bitcoin. En pratique la personne a également besoin de l'adresse où retrouver l'information ancrée dans Bitcoin. Cela va être détaillé dans la partie suivante : fonctionnement technique. En tout cas la preuve existe indépendamment de l'entreprise qui l'émet, et dans le cas de Bitcoin indépendamment de toute entreprise ou État.

Avantage vs une certification par un tiers

Dans le cas que l'on vient de décrire on certifie une donnée à un instant précis. On aurait pu faire cela en passant par une entreprise certificatrice tierce. Passer par une blockchain publique, Bitcoin en particulier a les avantages énoncés ci-dessous.

Incorruptible

Il serait théoriquement possible de corrompre une entreprise ou ses bases de données mais il est impossible de corrompre tout un réseau décentralisé reposant sur plus de 4000 serveurs détenus par des personnes souvent anonymes. L'objectif de

Bitcoin d'être résistant à la censure est une caractéristique très intéressante pour certifier la donnée, car la donnée ancrée sur Bitcoin devient réellement infalsifiable après coup. La puissance de calcul qu'il serait nécessaire de déployer pour corrompre la donnée serait bien supérieure à l'intérêt qu'on en tirerait. De plus, avec le mécanisme de chaîne de bloc, plus le temps passe après l'ancrage de la donnée plus cela devient coûteux (et en pratique impossible) de corrompre la donnée.

Pérenne

La blockchain Bitcoin a vocation à durer beaucoup plus longtemps qu'une entreprise traditionnelle. On estime que le dernier Bitcoin (le 21 millionième) sera émis en 2140 si le protocole ne change pas d'ici là. Cela dépasse a priori notre durée de vie à tous au moment où ce livre est écrit. De plus, une fois le dernier Bitcoin émis les mineurs se rémunèreront avec les frais de transactions il est donc probable que la blockchain perdure. Bitcoin semble en particulier être la blockchain la plus adaptée pour cette fonction car c'est la première blockchain, elle existe depuis 10 ans et jamais une donnée qu'elle contient n'a été compromise ou modifiée après coup. Si on passait par des entreprises tierces certificatrices, la validité de la certification dépendrait de la durée de vie de ces entreprises, ou de la durée durant laquelle leur certification sera reconnue est vérifiable. A titre de comparaison, une étude récente de McKinsey estimait à 18 ans la durée de vie moyenne d'une entreprise du S&P.

International

Le langage que parle Bitcoin est celui de la cryptographie. Comme les mathématiques, il est compréhensible dans toutes les cultures quel que soit la langue et les lois en application. La validité de la preuve d'existence de la donnée pourra donc être reconnue de tous, dans toutes les cultures. Cela confère à nos certificats une validité internationale, complètement indépendante des États, comme Bitcoin. Ces preuves sont d'ailleurs reconnues légalement grâce à des jurisprudences dans de nombreux pays. En voici une première liste (non exhaustive) valable au moment où j'écris ces lignes en juillet 2020 :

- Chine (depuis 2018)
- Italie
- Allemagne
- 18 États des États-Unis dont la Floride et le Delaware (très important par rapport aux incorporations des sociétés)

Elles ne sont pas encore reconnues en France. Mais les huissiers de justice en France, en particulier la Chambre Nationale des Huissiers de Justice, ou encore Maître Albou ou Maître Jérôme Legrain, constituent des réseaux de preuve Bitcoin et s'équipent techniquement pour être capable d'opposer ces preuves à un juge. Maître Albou a même mis au point une plateforme de protection de la propriété intellectuelle s'appuyant sur de l'ancrage Bitcoin. Il a pour client de très grandes marques de luxe comme Chanel, Saint Laurent ou encore Balenciaga.

Vérifiable

La validité des certificats ainsi faits est vérifiable directement sur la blockchain Bitcoin. Il est important dans ce cas que l'entreprise ou la personne fournissant le certificat fournisse également les outils à ses clients pour retrouver la trace dans la blockchain par eux même. Cet effort de transparence donne beaucoup plus de crédit à la certification qu'un système où il aurait fallu appeler une entreprise pour obtenir vérification de la certification. Cette transparence n'est possible bien sûr que parce que les certificats sont infalsifiables et que leur trace est sur une blockchain publique, comme Bitcoin.

Dans le cadre d'un projet que j'ai mené pour la marque de montre Ulysse Nardin, nous avons aussi développé sur le site de la marque un vérificateur permettant à toute personne en possession d'un certificat PDF d'en vérifier la validité par un simple glisser déposer. Comme nous utilisons un outil ouvert, Bitcoin, avec un standard open source, ChainPoint, on pourrait imaginer qu'un jour notre vérificateur puisse servir à vérifier les certificats d'autres entreprises ou personnes.

Respectueux de l'environnement

Bitcoin est énergivore par principe car cela est nécessaire à la sécurisation de chaque bloc. Pourtant, l'ancrage consomme peu d'énergie. Soit cela consomme peu d'énergie car on utilise des transactions qui existaient déjà pour y apposer une donnée. Soit cela consomme peu d'énergie car on fait de l'ancrage avec des services en "couche 2" qui "scale" sur Bitcoin. Un exemple de ce type de service est ce que propose la startup française Woleet qui utilise le standard Chainpoint.

Au lieu de n'ancrer qu'une donnée par transaction, on ancre plusieurs données dans une même transaction Bitcoin. Cela permet de garder la qualité de la certification par l'effort énergétique produit pour sécuriser chaque bloc, tout en faisant des économies significatives et déployables à l'infini grâce à l'utilisation en couche 2. Cela fonctionne en pratique grâce à des arbres de Merkle, concept bien connu dans les blockchain, il est utilisé en particulier dans Bitcoin. Nous allons détailler ce fonctionnement plus loin. De plus l'électricité utilisée pour faire fonctionner Bitcoin est souvent une électricité d'origine renouvelable car c'est l'électricité la moins chère et les fermes de minages peuvent fonctionner dans des lieux reculés. Un rapport de juin 2019 estime que 74,1% au moins de l'électricité utilisée par Bitcoin proviendrait de sources renouvelables.

Fonctionnement technique

Je vais ici rentrer dans les détails de fonctionnement technique de l'ancrage. Je pense qu'ils sont utiles pour comprendre comment cela fonctionne.

Je vais décrire une solution d'ancrage qui existe sur le marché et qui est proposée par la startup Woleet mentionnée précédemment. Elle utilise un standard open source qui s'appelle Chainpoint et a lieu sur la blockchain Bitcoin. Il est très important de comprendre que même si c'est une entreprise, en l'occurrence Woleet, qui fournit le service d'ancrage, la validité de la preuve n'est pas du tout liée à la pérennité de Woleet. Les preuves créées en utilisant leurs services seront valables tant que Bitcoin existera, Woleet pourrait disparaître demain toutes les preuves qu'ils ont créées resteront valables.

Ancrage et preuve d'existence

L'ancrage dans Bitcoin permet de créer des preuves d'existence comme nous l'avons expliqué plus haut. Cela repose sur la création d'un hash qui est ajouté comme information dans une transaction Bitcoin.

Dans une transaction Bitcoin il est possible d'ajouter une suite de caractères dans le champ appelé OP_RETURN. Cette suite de caractère peut tout à fait être un hash. On peut ainsi mettre dans ce champ le hash d'un document que l'on souhaite ancrer. C'est la façon la plus basique de faire de l'ancrage.

Le problème de cette méthode basique est qu'il faut écrire une transaction pour ancrer un document. Lorsque le prix de Bitcoin s'envole et que le réseau se trouve congestionné il est possible que le coût de la transaction soit très élevé.

Du coup ça voudrait dire qu'il faudrait payer un coût élevé pour ancrer un document. Au moment où j'écris ces lignes le coût d'une transaction est d'environ 0.7$ par transaction. Mais au sommet de la bulle de décembre 2017 il a dépassé les 35$ par transaction (heureusement pendant une courte durée) [source bitcoinfees.info].

Il existe une solution à ce risque de coût. Cette solution permet de "scaler" (= passer à l'échelle) sur Bitcoin. Cela fonctionne avec des arbres de Merkle.

Au lieu d'enregistrer le hash d'un seul document dans une transaction, on va enregistrer un hash qui permet de vérifier l'intégrité de plusieurs documents. Ce hash est la racine de Merkle d'un arbre dont les feuilles seraient chacune des hash de documents différents. Ainsi avec votre document et les hash des autres documents (les autres feuilles) vous pouvez recalculer la racine de Merkle et retrouver cette racine dans une transaction Bitcoin.

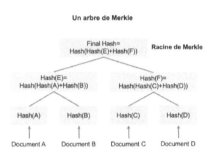

Schéma montrant comment à partir de quatre documents A, B, C et D on obtient une unique racine de Merkle.

La racine de Merkle obtenue est elle aussi un hash qui est inscrit dans une transaction Bitcoin.

Pour aller plus loin

Le concept d'arbre de Merkle est utilisé dans le processus cryptographique de création de bloc dans Bitcoin. Chaque bloc contient une racine de Merkle qui est calculée à partir de hash de chacune des transactions.

Supposons dans le cas du schéma que j'ai le Document A en ma possession. Pour retrouver la racine de Merkle il me faut soit les autres documents pour pouvoir calculer leur hash, soit directement le hash des autres documents. Or le hash des autres documents et leur position dans l'arbre c'est justement ce qui est fourni de base dans le standard Chainpoint. Cela permet ainsi sans dévoiler le contenu des autres documents de permettre à un utilisateur de vérifier sa preuve.

Cette solution a donc un avantage très important : Elle préserve la confidentialité. Par le mécanisme de hash on préserve déjà la confidentialité mais par le mécanisme d'arbre de Merkle en plus la complexité cryptographique est démultipliée et il devient totalement impossible de reconstruire le contenu de l'information simplement à partir de la racine de Merkle.

Je ne vais pas rentrer plus dans le détail du fonctionnement technique, la prochaine étape serait de décrire le standard Chainpoint. Ce qu'il faut retenir c'est que ce standard propose de fournir dans un fichier les informations clés permettant de retrouver à partir d'un document sa trace dans Bitcoin : Les hashs des autres feuilles de l'arbre, l'adresse de la transaction Bitcoin et la racine de Merkle de l'arbre (dont on pourrait finalement se passer puisqu'on la recalcule mais ça permet de faire un double check ou de vérifier plus rapidement). Ce fichier contenant les informations clés doit être stocké avec grand soin, de même que le fichier qui a été protégé.

Signature et preuve d'authenticité

Au-delà de simplement ancrer des documents dans la blockchain ce qui permet de prouver a posteriori qu'un document existait bien à tel date, il est également possible de créer ce que j'appelle des "preuves d'authenticité", c'est à dire pour moi des preuves qu'un document existe et qu'il a été émis par une certaine personne ou entité légale.

Pour cela au lieu d'ancrer uniquement un hash de document, il est possible d'ancrer un hash signé. Cela peut être une signature utilisant la cryptographie asymétrique telle qu'elle a été décrite dans le chapitre sur Bitcoin.

Après tout l'enjeu de cette signature va être d'y associer une identité. Dans le cas de l'identité d'entreprise, Woleet propose une solution intéressante avec un serveur qui gère les clés privées de signature de l'entreprise et qui expose une URL protégée par un certificat SSL prouvant bien que la signature appartient à cette entreprise. C'est la solution que je déploie chez mes clients via Blockchain Solutions.

Mais plus largement ces questions d'identité sur Internet sont un des plus gros challenge des gouvernements et entreprises technologiques comme Microsoft. Il serait question peut-être aux États-Unis de créer un numéro de sécurité social américain entièrement numérique. Il s'appuierait dans ce cas-là très probablement sur des méthodes cryptographiques qui sont utilisées dans Bitcoin comme la cryptographie asymétrique.

Nous nous identifions avec des comptes mails, il serait question peut-être de recouper des données de différents réseaux sociaux, mais aujourd'hui il est très difficile de prouver formellement qu'une personne signe une telle information. Il existe des procédés comme PGP, simple et efficaces et pourtant relativement peu utilisés. Ils ne vont cependant pas jusqu'à l'identité.

Futur

Ce cas d'usage permettant de créer de la vérité numérique est extrêmement puissant car il permettra à terme de favoriser les échanges en permettant de se fournir réciproquement des preuves. Qui sait, peut-être qu'un jour toutes les factures que nous ne recevrons pas mail seront protégées par une telle technologie pour ne plus être falsifiées et être facilement vérifiable ?

Ce cas d'usage développe toute sa puissance lorsqu'on y associe de la signature. Cependant, aujourd'hui nous n'utilisons pas des moyens de plus en plus fiables de prouver que nous sommes nous sur le web. En général nous nous contentons d'un mot de passe et d'un email. De plus en plus on introduit des couches de sécurités supplémentaires avec le 2FA (2 factor authentication = authentification à deux facteurs). Ces processus nous demandent notamment d'ajouter un numéro de téléphone ou d'utiliser une app d'authentification sur smartphone. On peut également citer les initiatives de la FIDO alliance qui propose du 2FA cryptographique qui a l'avantage d'être interopérable.

Pour aller plus loin

Bitcoin or not Bitcoin?

Ce mécanisme d'ancrage peut être utilisé sur n'importe quelle blockchain. Pourquoi avoir toujours parlé de Bitcoin ? Car Bitcoin est aujourd'hui la façon la plus sûre, et donc la plus logique de faire de l'ancrage. Sur une blockchain privée on se retrouverait dans une situation où si l'une ou l'autre des entreprises du consortium faisait faillite ou corrompait la donnée, on perdrait nos preuves ce que l'on ne souhaite pas.

En ce qui concerne les autres blockchains publiques comme Ethereum, leur capitalisation de marché est moindre et leur pérennité s'en trouve amoindrie aussi. Cependant elles peuvent présenter l'avantage de fournir des transactions moins chères et plus rapides. Mais l'inconvénient d'une solution potentiellement moins pérenne fait que je privilégierais personnellement de faire de l'ancrage sur Bitcoin.

A retenir

Il est possible d'utiliser la blockchain, en particulier Bitcoin, pour ancrer de la donnée. Cela permet de créer des preuves qu'une donnée existait à un moment donné, des preuves d'existences. En ajoutant de la signature cryptographique, ces preuves d'existence peuvent devenir des preuves d'authenticité car on peut prouver qu'elles ont été émises par une personne ou entreprise en particulier.

B. Cryptomonnaies

La thématique des cryptomonnaies en entreprise peut se regrouper sous deux usages principaux :

- Paiement

- Investissement dans des entreprises ou projets

Paiement

Comme déjà dit précédemment le cas d'usage le plus mature de la blockchain est celui de Bitcoin. Bitcoin est conçu pour être un moyen de paiement. Un moyen donc très simple et très efficace d'utiliser la blockchain en entreprise consiste donc à accepter Bitcoin sur son site marchand ou dans son point de vente.

Comment accepter des cryptomonnaies ?

Vous pouvez avoir différentes approches si vous acceptez les paiements en cryptomonnaies :

1.   Vous acceptez les cryptomonnaies mais ne voulez gérer que des fiats dans votre comptabilité (fiat = monnaie ayant cours légal; comme l'euro ou le dollar)

2.   Vous acceptez les cryptomonnaies et envisagez d'en garder tout ou une partie en cryptomonnaie

Dans le cas 1. Il existe des solutions comme BitPay. Vous acceptez des Bitcoins mais recevez des euros sur votre compte en banque. BitPay se charge de vous donner des fiats et de convertir les Bitcoins que vous recevez en euro. Leur service est international, coûte 1% de commission, et est utilisé par de très grosses entreprises comme Microsoft. Il fonctionne aussi bien sur un site marchand que dans un point de vente physique en étant compatible avec les systèmes de caisse. Il existe d'autres sociétés qui proposent des services similaires. Elles s'intègrent très facilement avec des CMS comme Shopify ou encore des systèmes de caisse car ce sont des entreprises qui, vous vous en doutez, sont à la page technologiquement.

Dans le cas 2 vous avez plusieurs options. Cela va dépendre de comment vous voulez gérer vos cryptomonnaies... et votre comptabilité. Comme dans le cas précédent vous pouvez choisir de faire appel à un prestataire de paiement, par exemple CoinPayments. Tout comme BitPay, ils pourront s'intégrer dans votre site marchand. La différence c'est qu'ils vous proposent de garder vos cryptomonnaies et non pas de récupérer des euros.

Si vous voulez récupérer des euros ensuite à vous d'aller échanger ces cryptos sur des places de marchés. CoinPayments agit en fait comme un "custody" c'est à dire qu'ils gardent vos cryptomonnaies pour vous.

L'autre option dans le cas 2 est bien sûr de garder vos cryptomonnaies vous-même ! Pour cela vous installer un wallet sur votre smartphone en utilisant des applications comme BRD sur iPhone et vous recevez les paiements en cryptomonnaie sur cette adresse.

Ensuite peut se poser la question de votre comptabilité. Qu'allez-vous en fait déclarer puis qu'allez-vous payer comme taxe ? La réponse à cette question va dépendre du pays dans lequel vous êtes. Je vous recommanderais de vous tourner vers un comptable et un fiscaliste pour cela.

Quel intérêt d'accepter les cryptommonnaies?

Vous pouvez tout à fait vous demander quel est l'intérêt d'accepter des cryptomonnaies et même en allant plus loin dans le cas 2 d'en garder.

Accepter des cryptomonnaies c'est finalement juste accepter un autre moyen de paiement. Au-delà du côté "monétaire" dans le sens où vous acceptez une autre monnaie, c'est surtout un autre moyen de paiement que vous acceptez. Si vous avez un site marchand vous proposez sûrement d'accepter les paiements en VISA, Mastercard ou Paypal. Là vous proposez en plus les cryptomonnaies. Est-ce que cela va attirer beaucoup de clients qui par exemple ont des wallets bien garnis ? Ces clients revendent eux aussi leurs cryptos pour récupérer des euros qu'ils peuvent dépenser partout. Mais en acceptant directement leurs cryptomonnaies vous leur évitez cet effort.

Si vous acceptez les cryptomonnaies c'est presque un acte militant. En tout cas cela semble prouver que vous pensez que les cryptomonnaies sont un progrès. Ces entreprises telles que Visa, Mastercard ou encore Paypal, vous ne trouvez pas qu'ils se gavent un peu ? Leurs frais de transactions dépassent les 2% la plupart du temps, et ils sont en quasi-situation de monopole.

Quant au système bancaire, qui fait payer le compte pro plus de 30€ par mois, ne pensez-vous pas aussi qu'il serait bon de le disrupter? En acceptant les crypto et en les gardant vous disruptez toute cette économie. Il me semble que c'est un secteur qui a encore été peu chamboulé car quand je retourne dans ma ville natale à Montpellier la plupart des commerces des faubourgs ont fermés : les épiceries, boulangeries,... Pour être remplacé par, je vous laisse deviner... Des agences bancaires et des assurances.

Par ailleurs, en acceptant des cryptos vous utilisez une technologie qui fonctionne, avec des délais bien moindres que ceux des agences bancaires, sans avoir à passer de coup de fil, et de façon internationale tout de suite. Posséder un wallet crypto vous coûte 0 par rapport à un compte pro très coûteux. Et les frais de transactions sont très inférieurs à ceux des terminaux de paiement et autres solutions de paiement en ligne.

Dans ce cas-là pourquoi n'est-ce pas plus adopté ?

Quand on lit mes arguments précédents, on peut légitimement se demander pourquoi on n'accepte pas plus les cryptomonnaies. Il y a une vraie et une fausse raison à cela.

La fausse raison, que vous allez souvent entendre de la part d'économistes ou apprentis économistes, est que les cryptomonnaies sont trop volatiles pour être utilisées comme monnaie et donc comme moyen de paiement. C'est une erreur de penser qu'une cryptomonnaie comme Bitcoin est une monnaie comme je l'ai déjà expliqué. La monnaie est pour moi un moyen d'exercer une politique économique sur un territoire donné.

Cela se passe en jouant sur la quantité de devises pour faire varier l'inflation et donc le prix des choses. Les monnaies sont donc là pour nous donner une valeur aux choses. Et d'ailleurs tous mes amis Bitcoiners parlent de Bitcoin en dollar (ou en euros pour certains comme moi). Donc l'argument de dire je ne vais pas vendre une pizza en Bitcoin car le jour où je l'ai vendue je l'aurais vendue 14€ (pizza Reine) et une semaine après cela vaudra 11€ ou 17€. Une semaine après vous aurez ajusté votre prix en Bitcoin. Et les Bitcoins encaissés pour la première pizza vendue vous aurez choisi à ce moment-là de les garder ou de les échanger contre des euros.

Bon cette "fausse" raison est quand même la raison pour laquelle Mark Zuckerberg a décidé de lancer Libra, devenu Diem, en mettant David Marcus, l'ancien directeur de Paypal, à la tête de Calibra. J'aurai l'occasion d'en parler plus loin dans le livre. L'objectif de Libra, devenue Diem, est de créer un "stable coin" une cryptomonnaie stable pour justement contrecarrer ce défaut qu'a Bitcoin d'être très volatile. La volatilité de Bitcoin est aussi vraie en ce qui concerne les frais de transactions sur le réseau. En cas de bulle spéculative les frais peuvent devenir très élevés au point qu'il ne soit plus du tout envisageable d'utiliser Bitcoin comme moyen de paiement. Il existe des solutions qui permettent de "scaler" et donc d'éviter ce genre de problème en particulier le réseau Lightning. C'est aussi la raison d'être d'autres blockchains comme Bitcoin Cash.

La vraie raison pour laquelle les cryptomonnaies ne sont pas plus adoptées comme moyen de paiement c'est la raison légale. C'est grâce à ces mêmes contraintes légales que l'industrie financière s'est maintenue aussi longtemps et continue de faire tant de profit. L'État joue de pair avec cette industrie dans l'objectif de pouvoir continuer à prélever l'impôt de gré ou de force à ses ressortissants. N'oubliez pas que si vous avez des fonds sur un compte bancaire à votre nom en France et que vous refusez de payer vos impôts, l'État viendra chercher ses sous tout seul.

L'État ne pourra pas faire ça avec des cryptomonnaies, comme il ne peut pas le faire avec le cash que vous avez peut-être caché sous un matelas. La réglementation est plus ou moins permissive selon les pays et la situation actuelle est qu'il n'y a pour l'instant pas trop de règlementation mais dès qu'elle arrive elle s'avère être contraignante.

Extrait du site economie.gouv.fr

Selon l'article L111-1 du Code monétaire et financier (CMF)], « la monnaie de la France est l'euro ». C'est donc la seule monnaie ayant cours légal en France. Cependant, si un professionnel a le droit de refuser de se faire payer en jetons de cryptomonnaie, rien ne l'empêche non plus de les

Extrait du site https://www.economie.gouv.fr/particuliers/cryptomonnaies-cryptoactifs

┌─ À savoir ───┐
│ Selon l'article L111-1 du Code monétaire et financier (CMF), « la monnaie de la France est l'euro ». C'est donc la seule monnaie │
│ ayant cours légal en France. Cependant, si un professionnel a le droit de refuser de se faire payer en jetons de cryptomonnaie, │
│ rien ne l'empêche non plus de les accepter... │
└───┘

accepter…

Le paiement en cryptomonnaies n'est donc pas largement adopté car pas reconnu légalement sans être pour autant banni. Il n'y a de toute façon au moment où j'écris ces lignes que peu de personnes qui possèdent effectivement des cryptomonnaies et ont un wallet sur leur téléphone. Mais si le projet Diem voit le jour et que très bientôt 1 milliard de personnes ont un wallet crypto intégré dans leurs applications de messagerie, qu'en sera-t-il ?

A retenir

Accepter les cryptomonnaies comme moyen de paiement est facile techniquement. Cela permet de disrupter le système bancaire traditionnel. L'adoption est cependant encore limitée car peu de personnes possèdent effectivement des cryptomonnaies et l'environnement légal est encore flou à ce sujet.

Investissement dans des entreprises ou projets

Au-delà de l'utilité comme moyen de paiement, les cryptomonnaies, mais surtout les tokens, peuvent être utilisés pour lever des fonds pour fournir un produit ou un service comme on le ferait en vendant des actions d'entreprise.

L'intérêt de passer ainsi par un token est d'éviter les contraintes réglementaires classiques tout en ayant accès à de nombreux investisseurs particuliers.

Fonctionnement théorique de base

Un groupe de personne a une idée de produit. Je précise ici un groupe de personne et non spécifiquement une startup j'expliquerai plus loin pourquoi, mais vous pouvez comprendre "une startup". Ce produit est une application décentralisée qui fonctionne sur une blockchain. Il leur faut du temps et donc de l'argent pour développer ce produit. Pour cela le groupe de personnes va faire une "ICO" pour récolter de l'argent (sous forme de cryptomonnaies) en échange de la promesse de développer le produit. Une "ICO" : Initial Coin Offering, consiste à émettre une cryptomonnaie ou un token. Les personnes qui participent à l'ICO vont le faire en achetant le jeton émis. Les raisons pour lesquelles ces personnes font cela sont principalement spéculatives, elles espèrent ensuite pouvoir revendre le jeton plus cher.

Le plus simple pour expliquer c'est encore de donner des exemples. Alors en voici deux.

- Arianee

    - Concept : le projet Arianee a pour but d'associer aux objets de luxe un certificat blockchain qui est remis aux clients. Ce "certificat" est en fait un jeton non fongible ("NFT" = "Non Fungible Token") c'est à dire ne pouvant pas être découpé ou fusionné car chaque jeton est unique et différenciant d'un autre. Chaque jeton représente un objet et le fait de posséder le jeton dans un wallet représente le fait de posséder l'objet. Arianee sert donc à représenter la propriété d'objets de luxe via la propriété d'un jeton blockchain.

    - Fonctionnement décentralisé : Arianee est un protocole. Les marques de luxe achètent et utilisent de token ARIA pour pouvoir utiliser le protocole. C'est donc un service décentralisé ne reposant théoriquement pas sur une équipe qui vend un service. La marque, ou des entreprises tierces, doivent ensuite concevoir des applications utilisant ce protocole.

- Point de vue de l'investisseur / tokenemics : les fondateurs - et investisseurs ayant participé à l'ICO - possèdent des tokens ARIA. Ils espèrent que ces tokens vont s'apprécier en valeur au fur et à mesure que le protocole sera utilisé car les marques devront leur acheter ses tokens ARIA pour pouvoir utiliser le protocole.

- Multiven Open Marketplace

  - Concept : proposer une marketplace comme Amazon qui ne prend pas de commission. Cette marketplace peut être utilisée aussi bien par des particuliers que par des entreprises. Dès qu'un objet est mis en vente un jeton non fongible est créé pour représenter cet objet. Lorsque l'objet est cédé le jeton est transmis à l'acheteur automatiquement.

  - Fonctionnement décentralisé : pour acheter sur la marketplace il faut utiliser la monnaie de la marketplace le "Multicoin". La Marketplace est une application décentralisée : elle fonctionne de façon autonome. Il suffit qu'il y ait transaction en Multicoin pour qu'il y ait un échange du token représentant l'objet.

  - Point de vue de l'investisseur / tokenemics : les fondateurs - et investisseurs ayant participé à l'ICO - ne se rémunèrent pas via des commissions mais possèdent eux-mêmes des Multicoins qu'ils ont obtenus avant tout le monde. Le "Multicoin" est conçu pour s'apprécier   au cours du temps car il y a de nombreux cas où des Multicoins peuvent être détruits et tous les "Multicoins" sont émis de prime abord.

Voici donc un résumé des étapes dans le cas nominal (en anglais "happy path") :

Un groupe de personnes a une idée de produit fonctionnant sur une blockchain de façon décentralisée (en anglais "Decentralized App").

Ils vont faire la promotion de cette idée par le biais d'un white paper.

Ils vont ensuite émettre un jeton qu'ils vont vendre en cryptomonnaie à des investisseurs ou à de futurs utilisateurs du produit décentralisé qui va être conçu. En effet le jeton (en général) est la clé d'entrée de l'utilisation du service pour ces utilisateurs

La startup va développer le produit et ainsi trouver un usage au jeton. En pratique en 2020 cette étape a lieu avant l'étape 3, mais en 2017 elle avait lieu après.

Par un ensemble de mécanismes de "tokenemics", comme par exemple le fait de brûler (= détruire) les jetons dans tel ou tel cas, la valeur du jeton doit s'apprécier

Le jeton va alors s'échanger sur des places de marché ou de gré à gré ce qui va faire évoluer sa valeur et permettre aux investisseurs de faire un profit

Le groupe de personnes qui a eu l'idée du produit, comparable aux fondateurs d'une startup, sera rémunérée par l'appréciation du jeton car ils s'attribuent une part importante des jetons créés.

Ce que je viens de décrire est le cas où tout se passe bien. Cependant il y a de nombreuses raisons que cela ne se passe pas bien.

Pour aller plus loin

Pourquoi utiliser l'expression un groupe de personnes et pas directement le terme une startup ?

Pour comprendre cette distinction il faut comprendre le concept de "Decentralized App" ou en abrégé "Dapp" ou en français "application décentralisée". Une Dapp doit pouvoir fonctionner indépendamment d'un organe centralisateur. C'est une application autonome, mise à la disposition de tous. Les développeurs sont libres de développer des applicatifs sur cette Dapp et les utilisateurs du service interagissent entre eux directement. Personne ne "fournit" à proprement parler une Dapp, la Dapp existe, libre aux personnes intéressées de l'utiliser ou de contribuer à son développement.

Je parle de groupe de personnes car ce sont bien des gens qui créent des Dapps, mais pas forcément des entreprises. Ils se regroupent souvent au sein d'associations. A la différence d'une entreprise qui va avoir un business model, c'est à dire un moyen de générer des revenus qui vont générer du profit, une Dapp va reposer sur les tokenemics pour fonctionner. Il lui faut trouver la juste équation pour que le token prenne de la valeur et permette de rémunérer les personnes développant le produit.

Pourquoi en pratique ça ne marche pas

Pendant l'année 2017 a eu lieu une véritable ruée vers l'or où des centaines de projets d'ICO ont émergés et réussit à collecter des millions d'euros. Cependant un an après le constat était déjà très amer comme le montre ces deux études.

Ernst & Young étude sur les ICO en 2018

EY study: Initial Coin Offerings (ICOs) The Class of 2017 – one year later

19 octobre 2018

Ils ont suivi les 141 ICOs les plus réussies au monde en 2017 et ont regardé un an après ce que ça avait donné :

- Financièrement ça a été globalement une catastrophe : 86% se retrouvant sous leur valeur au moment de l'ICO dont 30% en tout qui ne valaient déjà quasiment plus rien
- En termes de produit conçu le constat est lui aussi très amère seules 25 ICOs (soit 29%) avaient un prototype fonctionnel un an après, ce qui ne représentaient que 13% de plus par rapport à la fin d'année 2017…
- Globalement les gains se concentraient sur 10 ICOs qui concernaient des projets dits "d'infrastructure", soit pas des tokens.

Bloomberg par Satis group étude sur les ICO de 2018

CRYPTOASSET MARKET COVERAGE INITIATION: NETWORK CREATION, Satis group for Bloomberg

11 juillet 2018

Les conclusions de ce rapport vont plus loin que la simple absence de performance financière. Elles dénoncent les très nombreuses arnaques, en anglais "Scam" qui ont eu lieu avec ces ICOs.

Pourquoi y a-t-il des "scams"? Le fonctionnement de l'ICO, complètement décentralisé, ne reposant pas sur une entreprise et s'adressant donc à n'importe quel individu, permet de lever des fonds sans passer par la case règlementation. En effet pour lever des fonds auprès du grand public donc en bourse, c'est à dire via une "IPO" (Initial Public Offering), il faut passer devant le régulateur. Le régulateur demande des garanties pour protéger les investisseurs d'arnaques éventuelles.

Il demande notamment qu'il y ait un produit ou service et qu'une entreprise se porte garante de le fournir. L'ICO est un moyen d'accéder à l'investisseur particulier sans obtenir d'agrément. En pratique c'était le cas en 2017 ça l'est beaucoup moins aujourd'hui. Des législations ont émergés imposant aux émetteurs d'ICO de passer devant les régulateurs comme n'importe quelle entreprise.

Ce n'était pas forcément le cas en 2017 ce pourquoi l'étude Bloomberg a constaté en juillet 2018 que 78% des projets étaient des scams ! Parmi les 22% restant, il s'avère que 7% étaient déjà mort au moment de l'étude. Sur les 15% restant 4% étaient en déclin financièrement…

Concrètement cela veut dire que quelques mois après seulement plus de 80% des jetons émis lors des ICO n'étaient plus échangés.

Historique

Comment en est-on arrivé là? Et que se passe-t-il depuis cette frénésie des ICOs qui semblent être retombée comme un soufflet?

A la base ce qui a permis de faire si facilement des ICOs c'est Ethereum. Inventé en 2016, Ethereum a justement été conçu pour permettre le développement d'applications décentralisées. Ethereum offre à la fois un standard et une infrastructure pour ces applications. Il est très facile de concevoir son token, en rédigeant tout simplement un Smart Contract et en le déployant sur la blockchain. Pour faire fonctionner le Smart Contract sur la blockchain il suffit de dépenser du "gaz" sous la forme d'Ether (la cryptomonnaie d'Ethereum).

Ainsi de même qu'avec l'avènement d'Internet on a imaginé une façon de faire sur Internet ce que l'on faisait dans la vie réelle, avec Ethereum on a imaginé une façon de faire décentralisée ce que l'on faisait sur Internet.

Prenons un exemple : le prêt ou la location de voiture entre particulier.

- Dans la vraie vie : mon voisin sonne chez moi ; me demande si je peux lui prêter ma voiture pour le weekend ; je lui donne les clés de ma voiture contre éventuel dédommagement sous la forme d'une boîte de chocolat quand il me rend les clés.

- Version internet : j'ai mis ma voiture sur Drivy (ou plutôt Getaround maintenant) ; un inconnu la réserve via le site en effectuant un paiement ; il ouvre la voiture grâce à son téléphone et un boitier Bluetooth que j'avais installé ; utilise la voiture et la gare à nouveau au même endroit quand il a fini ; je récupère X euros pour le service rendu via le site

- Version décentralisée blockchain : même fonctionnement que la version internet, sauf que l'inconnu me rémunère directement moi par le biais d'un token ; il ne paye pas un intermédiaire qui prendrait une commission. En revanche pour utiliser le service il doit utiliser le token du service. Le groupe de personnes ayant mis en place cette application décentralisée "se rémunère" car ils possèdent eux-mêmes beaucoup de ces tokens et les vendent aux personnes souhaitant utiliser le service

En pratique comme nous l'avons vu les ICO et le concept d'application décentralisée s'est essoufflé pour deux raisons :

1. Cela ouvrait la porte à de très nombreuses arnaques, les "scams"

Le modèle économique où les "tokenemics" remplacent les bons vieux "business models" ne fonctionnaient pas

Les raisons derrière ce deuxième point sont multiples et pour moi pourraient être cristallisées ainsi :

- Absence de responsabilité identifiée : on remplace des entrepreneurs et des sociétés par des groupes flous d'individus dont on ne sait pas exactement comment ils se rémunèrent
- Divergence des intérêts : les investisseurs et fondateurs ont intérêt à ce que le token s'apprécient, mais pas les futurs utilisateurs du service
- Non protection des investisseurs : un investisseur qui aurait acheté un jeton a droit à quoi ? En général pas grand-chose si ce n'est utiliser le service dont il n'a probablement pas lui-même besoin.
- Absence de prédictibilité : la variation imprévisible de la valeur du token et donc du service constitue un énorme risque pour les utilisateurs du service... et les investisseurs.

Depuis les fiascos de 2018 des solutions émergent et se développent pour répondre à ces problématiques.

Les régulateurs amènent des solutions qui répondent aux trois premières problématiques citées. Cependant dans l'idéal "blockchain" le service devrait fonctionner indépendamment d'une entité régulatrice centrale. Ce pourquoi a émergé le concept de "STO", soit "Security Token Offering". Cette fois ci le token donne droit à ce qui s'assimilerait à une action d'une entreprise.

Globalement tout un nouveau domaine émerge, celui de la "finance décentralisée" ou "DeFi" pour "Decentralized Finance". L'objectif est d'utiliser la technologie blockchain pour fournir de vrais services financiers décentralisés. On a pu notamment voir un documentaire se financer ainsi, ou encore la Société Générale émettre la première STO en France. D'autres projets intéressants proposent des systèmes de prêts de cryptomonnaies contre rémunération.

La DeFi doit reprendre cette très belle idée que proposaient les ICO de rendre accessible à tous les financements de l'économie et ainsi rendre accessible à tous les fruits du progrès.

A retenir

La blockchain a permis de rendre plus accessible à tous l'investissement dans des projets. Cependant en se soustrayant à la règlementation ça a également été la porte ouverte à de très nombreuses arnaques et fiasco financiers par le biais des ICO. Le secteur évolue aujourd'hui pour trouver de nouvelles façons de faire de la finance décentralisée, combinant règlementation et technologie. La blockchain permet effectivement de faire de la finance décentralisée, reste à trouver des modèles règlementaires et économiques qui préservent les intérêts de tous et permettent de développer des projets.

C. Collection

La blockchain permet de créer des objets digitaux uniques que l'on possède réellement grâce à un wallet. Ces objets uniques sont donc librement transférables. Quand on y ajoute la propriété de non-fongibilité, c'est à dire qu'on ne peut pas mélanger deux objets de mêmes types et qu'ils sont par ailleurs non sécables ; on peut créer des représentations numériques d'objets de collection.

Les NFT

Un certain type de jeton reposant sur Ethereum a permis le développement de cas d'usage autour de l'idée de "collection numérique". Ce sont les jetons dits "NFT" pour "Non Fungible Tokens" reposant sur le standard ERC 721. Il est également possible de faire des NFT sur la blockchain EOS. Voici leurs caractéristiques

- Ce sont des tokens blockchain
  - Les tokens sont des assets digitaux pouvant être possédés et échangés librement
    - Assets : représente quelque chose qui a de la valeur
    - Digitaux : existent uniquement sur Internet
    - Pouvant être possédés : les propriétaires stockent leurs tokens dans un wallet. Connaître la clé secrète du wallet définit la possession du token
    - Pouvant être échangés librement : les propriétaires des tokens ont tous les droits pour les transférer. Le fait de connaître la clé secrète du wallet et la seule chose requise pour pouvoir transférer les tokens
  - Les tokens représentent ainsi la "propriété numérique"
- Non fongibles
  - Que signifie fongible ?
    - Fongible signifie que l'on ne peut pas distinguer 2 unités d'un même asset
    - Exemple : 2 billets de 10€ sont fongibles

- Que signifie non-fongible ?
  - Non-fongible signifie que c'est unique et que ça ne peut pas être subdivisé en parts
  - Exemple : un tableau de Picasso est non fongible

On pourrait cependant imaginer découper un Picasso en petits bouts pour les revendre séparément. C'est ce qu'ont fait MSCHF avec un tableau à point de Damien Hirst... C'était un tableau composé de points de couleur. Ils l'ont découpé et on revendu les points un à un. Ils ont ensuite fait du profit en revendant le reste du tableau. Cet exemple mis à part on considère normalement les œuvres d'art comme non fongibles.

Oeuvre de Damien Hirst qui a été découpée pour être revendue en petits morceaux

(Ce sont des points de couleurs passés en noir et blanc ici pour plus de praticité)

Vendre de l'art

Un des cas d'usage aujourd'hui les plus développé de l'utilisant de ces jetons non fongibles est justement l'art. Ils sont utilisés pour vendre des œuvres d'art numériques leur donnant un caractère d'unicité qu'elles n'avaient pas auparavant. En effet tout objet numérique est de base duplicable.

Certains artistes proposent même d'acheter des morceaux de leurs œuvres par le biais de NFT. Et dans certains cas ils proposent même d'acheter des portions d'une œuvre physique. C'est ce que fait par exemple le street artiste crypto français Pascal Boyard, a.k.a. P Boy.

Voici ici son œuvre inspiré du célèbre radeau de la méduse. Elle a été réalisée sur le toit de l'ancienne fonderie d'or de la banque centrale française. Tout un symbole. Il utilise de nombreuses références au monde des cryptomonnaies et à Bitcoin. Il a même

Fresque de Pascal Boyard sur le toit de l'ancienne fonderie d'or de la Banque de France

dans certaines de ces œuvres caché une énigme permettant de récupérer des Bitcoin. C'était le cas notamment dans sa fresque reprenant la "Liberté guidant le peuple" de Delacroix en version Gilets Jaunes. C'est l'excellent cryptographe Antoine Ferron de la société Bitlogik et sa compagne Marina qui ont été les premiers à en percer le mystère. Parmi les douze mots à décrypter pour pouvoir décoder la clé privée se trouvait les mots suivants : banquier, mensonge, combat, espoir, union, citoyen, triomphe,

Extrait de la fresque de Pascal Boyard sur les gilets jaunes dont Antoine Ferron a percé le secret

jaune.

L'usage des NFC dans l'art a en réalité une dimension plus proche du mécénat que de la "collection". En effet, le marché étant encore émergeant les NFT d'art ne se revendent peu ou pas. Et quel sens cela a quand on ne peut pas admirer l'œuvre chez soi et que n'importe qui peut la voir ? Les NFT sont ainsi un moyen de faire du mécénat en les associant à une œuvre spécifique.

Pascal Boyard fait d'ailleurs également appel aux mécènes par le biais d'un QR code Bitcoin qu'il peint à côté de ses œuvres. Dans ce cas, comme dans le cas des NFT, les mécènes peuvent rester anonymes en utilisant des adresses non identifiées. L'avantage avec les NFT c'est qu'ils pourront toujours prouver qu'ils ont fait du mécénat. C'est comme une preuve de don.

Peut-être qu'un jour le marché de l'art numérique sera plus développé et dans ce cas ces preuves de mécénat pourront s'échanger et avoir peut-être même une valeur fluctuant à la hausse. Ce n'est cependant pas le cas réellement aujourd'hui, c'est pourquoi selon moi l'achat de NFT dans l'art est en réalité du mécénat plus qu'autre chose.

Certaines œuvres d'art numériques sont exposées dans le monde virtuel "Cryptovoxel". J'ai par exemple acheté une œuvre murale d'un artiste que je peux aller admirer dans le jeu.

Cryptopunks

Un des projets artistiques NFT qui a eu le plus de succès est Cryptopunks.

Un Cryptopunk

Entre janvier et mars 2021 le volume d'échange de Cryptopunks dépassait les 325 millions de dollars.

C'est deux fois plus que la plus grosse marketplace de NFT qui s'appelle OpenSea.

Cryptopunks consiste en 10 000 uniques personnages à collectionner. Pour chacun de ces personnages, il existe un NFT sur Ethereum que les collectionneurs (et spéculateurs peuvent s'échanger).

Selon moi, ce qui est très intéressant dans ce projet c'est le cadre légal qui a été construit autour de Cryptopunks. L'entreprise Larvalabs qui a créé les Cryptopunks a déposé un copyright en tant qu'auteur original. Ce copyright a été déposé sur le fichier Punks.png qui regroupe les 10 000 punks dans un même visuel. Mais Larvalab est allé plus loin en mettant en place un droit de licence pour tous ceux qui possèdent un token de Cryptopunks. Les possesseurs de tokens Cryptopunks possèdent donc quelque chose qui a une valeur légale.

La 3ème plus grosse vente d'art d'un artiste vivant

Une question se pose concernant les NFTs : est-ce une simple mode ou est-ce bien une révolution de la façon dont on commercialise de l'art et du type d'art que l'on commercialise ?

Un fait marquant a eu lieu au mois de mars 2021 et donne à pencher vers la deuxième option. Un NFT a été vendu aux enchères par Christie's pour un montant de 69 millions de dollars.

Ce NFT représente la propriété d'une œuvre d'art numérique qui a été créée par l'artiste Beeple : "The first 5000 days". L'artiste a créé chaque jour pendant 5000 jours une œuvre d'art numérique. Il a créé l'œuvre "The first 5000 days" en utilisant l'ensemble de ses œuvres quotidiennes.

Cette vente est un fait marquant car il s'agit de la première œuvre uniquement numérique vendue avec un NFT par Christie's. Quelques mois plus tôt en octobre 2020, il y avait déjà eu une œuvre vendue par Christie's et utilisant un NFT. Cependant, il y avait une œuvre physique associée à l'œuvre numérique. Il s'agissait d'un portrait (abstrait) de Satoshi Nakamoto, vendu à 131 000 dollars.

L'autre raison pour laquelle cette vente de l'artiste Beeple peut même être considérée comme historique, c'est qu'elle est aujourd'hui la 3ème plus grosse vente d'art d'un artiste vivant.

Certains voient là l'avènement de l'art numérique, rendu possible grâce à la blockchain.

Les jeux

Le principal cas d'usage des NFT c'est le jeu vidéo. Et en particulier le jeu "Cryptokitties". Pour vous illustrer cet usage, je vais du coup vous expliquer ce qu'est ce jeu et comment il fonctionne. Je tiens tout de même à vous conseiller de tester vous-même. C'est assez facile et très instructif pour comprendre comment fonctionne un wallet dans un navigateur type Metamask.

Cryptokitties : le concept du jeu

Le jeu ressemble à un tamagotchi dans le sens où vous allez commencer par acquérir un chat. Votre chat va vieillir en se reproduisant différemment. Votre but va être de faire se reproduire votre chat avec un autre chat, opération dites "breeding". Cela va donner naissance à un œuf, oui vous avez bien lu un œuf.

Ensuite quand l'œuf va éclore, vous allez ainsi avoir un troisième chat ! A chaque fois que deux chats se reproduisent, le chat qui va naître ensuite va avoir des caractéristiques héritées de ses parents et des caractéristiques héritées de mutations, qui apparaissent donc au hasard.

Ces caractéristiques vont être par exemple la forme des yeux où celle de la queue, son pelage, etc… Les caractéristiques de votre chat sont plus ou moins rares, c'est à dire qu'il y a plus ou moins de chats avec les mêmes caractéristiques.

Dans le cas où une caractéristique est rare cela va intéresser les autres joueurs qui vont vouloir acheter votre chat dans le but de le faire se reproduire et ainsi d'avoir des chats avec des caractéristiques rares qu'il pourra par exemple ensuite revendre.

Pour rendre le jeu plus corsé, comme je le disais les chats "vieillissent". A chaque fois qu'ils se reproduisent, ils prennent une génération en plus. Le problème c'est que plus ils sont "vieux", plus il faut attendre après avoir fait se reproduire son chat. La période d'attente entre deux reproductions s'appelle le "cooldown".

Et à chaque fois que votre chat se reproduit le cooldown augmente. Un chat de génération 0 ou 1 par exemple a un "cooldown" de 1 minute. Tandis qu'un chat de génération 20 a un cooldown de 24h.

Pour faire simple, les chats sont en quelque sorte "hermaphrodites". Ils n'ont pas de sexe de base défini et leur look est "gender fluid" du coup. Quand ils se reproduisent, l'un va prendre le rôle de la femelle "Dame" et l'autre du mâle "Sire". Cela correspondra donc uniquement aux rôles de maman et papa mais ne définit pas leur genre absolu…

Cryptokitties : l'intérêt du jeu

Le principal intérêt c'est… que les chats sont trop mignons !

Un des Cryptokitties

Les joueurs ont donc envie de les collectionner et d'en fabriquer des toujours plus mignons. Il existe même des collections thématiques de chats créées par des joueurs.

Un autre intérêt du jeu c'est le côté "loterie". Comme je le disais précédemment, certaines des caractéristiques sont rares. Et comme certaines caractéristiques apparaissent grâce à des mutations au hasard, il est possible d'obtenir au hasard des mutations rares. Si en plus cela arrive à un chat de faible génération (1 par exemple), le chat peut avoir une valeur marchande importante ! Et cela est possible… grâce à la blockchain.

Cryptokitties : et les NFT dans tout ça ?

On pourrait arguer que pour faire fonctionner ce jeu on n'a pas besoin de blockchain. On pourrait avoir un éditeur du jeu qui le fournit de façon payante en ligne. Sauf que la blockchain, par le biais des NFT a justement rendu le jeu bien plus croustillant.

En effet, chaque chat est associé à un NFT. Il peut donc s'échanger librement y compris en dehors du jeu. On trouve notamment des chats sur les marketplaces online comme Open Sea. Cela a du coup donné libre cours au marché des cryptokitties, au point que la valeur de certains cryptokitties ait explosé pendant la bulle de fin 2017. Un chat a même été acheté l'équivalent de 117K$ selon le site https://kittysales.herokuapp.com/.

Les chats sont ainsi devenus des instruments de spéculation à part entière... Certains ne les achetant même plus pour les faire se reproduire puisqu'on constate qu'ils sont restés en génération 0... Cela a même fait saturer la blockchain Ethereum qui n'était pas adaptée à recevoir autant de transactions.

D'après le même site Cryptokitties Sale (https://kittysales.herokuapp.com/), il y a eu en tout plus de 680 000 ventes de chat pour un total proche des 28M$ en tout.

Cryptokitties reste un des cas d'usage les plus important d'Ethereum, représentant au moins 1% du gas consommé sur cette blockchain au niveau mondial. Il aurait atteint au pic 17% du gas.

Cryptokitties et l'art, la boucle est bouclée

Comme je l'avais dit précédemment, les NFT peuvent être utilisés pour vendre de l'art dans un but de mécénat. Cryptokitties a ainsi eu l'idée de faire des collaborations avec des artistes pour créer des chats aux caractéristiques uniques tout en soutenant les artistes.

C'est ainsi que cryptokitties a lancé, en collaboration avec l'artiste Momo Wang deux types de chat.

- L'un unique "Koshkat" : il s'est vendu aux enchères à un prix équivalent à 10500$

Le Cryptokitty « Koshkat » de l'artiste Momo Wang vendu 10 500$

- L'autre "Catterina" : a été mis en vente pour 100$ pour 100 exemplaires.

Le Cryptokitty « Catterina » de l'artiste Momo Wang

Momo Wang est une designer chinoise née en 1987. Elle avait lancé une première collection reposant sur le concept d'upcycling en 2012 qui avait été saluée par la critique. Elle a par la suite lancé sa marque "Museum of friendship" en 2013.

NFT et les jeux en général

Comme le montre Cryptokitties, les NFT peuvent être utilisés dans le contexte d'un jeu. L'intérêt étant qu'ils peuvent s'échanger même à l'extérieur du jeu.

D'autres "jeux" reposant sur cette même idée ont été mis au point. Il y a notamment "Decentraland" qui consiste à acheter des bouts de terrain dans un monde virtuel.

On peut cependant noter que les grands éditeurs de jeux n'ont pas encore adopté cette technologie pour par exemple vendre des "skins" (vêtements d'avatars) ou des armes. La principale raison à cela est que ces éditeurs préfèrent garder le total contrôle sur ces assets en les associant uniquement à leur plateforme et en ne permettant à leurs joueurs de se les échanger et de la posséder réellement à l'extérieur du jeu. Ils garantissent l'unicité, ou non, de ces items de façon centralisée, c'est à-dire en gardant le contrôle eux-mêmes. C'est pourquoi aujourd'hui ce ne sont que des jeux alternatifs, souvent créés par des approches collaboratives qui emploient cette technologie.

NFT et DeFi

Les NFT sont également utilisé dans un nouvel univers qui est celui de la DeFi (la Decentralized Finance). Ils servent de contre parties par exemple en échange d'un dépôt de fonds (en version simplifiée). Il y a par exemple le projet Aavegotchi.

Un Aavegotchi

On trouve même des cas d'usage à la frontière de la DeFi et du jeu. Je pense notamment au jeu "Cometh". Dans ce jeu, le but est de trouver des comètes à l'aide de son vaisseau spatial afin de récupérer des jetons NFT qui génèrent des profits.

Les NFT bénéficient des marketplaces

Un facteur de succès essentiel des NFT ce sont les marketplaces en ligne permettant de les échanger. Les marketplaces, comme par exemple Amazon, rassemble dans un même lieu plusieurs vendeurs afin de rendre l'offre plus attractif pour les acheteurs. Le business model de la marketplace consiste donc à prélever une commission sur les ventes qu'elle utilise ensuite pour acquérir à la fois plus de clients et plus de vendeurs.

Des marketplaces de NFT se sont développées. Notamment la marketplace Opensea.io. Il y en a d'autre qui sont spécialisées dans l'art et qui proposent la création de leurs propres NFT, comme la marketplace dédiée à l'art Superrare.co. Il y a également la marketplace Nifty par laquelle Cryptokitties avait fait la vente de la collaboration avec Momo Wang.

Rendre l'offre plus facile d'accès aux acheteurs et fournir des plateformes pour les vendeurs pour promouvoir leur produit est absolument essentiel au développement des NFT. Certaines plateformes comme Superrare.co deviennent même des véritables "galeries d'art numériques". Ces marketplaces démontrent de l'intérêt des NFT vs des assets qui ne seraient accessibles que depuis la plateforme où on les utilise.

A retenir

Les "NFT", ou jetons non fongibles, sont des assets digitaux uniques que l'on peut collectionner. Ils peuvent être utilisés dans des jeux vidéo pour créer de l'unicité ou pour faire du mécénat d'artistes. Comme ils reposent sur une blockchain publique, souvent Ethereum ou parfois EOS, ils peuvent être échangés librement. Il existe même des marketplaces sur internet permettant de s'échanger des NFTs.

Pour aller plus loin

L'utilisation des NFT dans les jeux et autres mondes virtuels comme Cryptovoxel fonctionne grâce à un wallet sur navigateur, comme Metamask. C'est votre navigateur, Google Chrome par exemple, qui va stocker vos clés privés vous permettant d'utiliser vos NFT. Ce moyen n'est pas aussi sécurisé que d'autres types de wallets, comme par exemple le fait de posséder un Ledger. Cependant, il est très pratique pour permettre une utilisation simple.

D. Flux

Un des cas d'usage de la blockchain les plus répandu en entreprise est celui du suivi des "flux". J'inclus dans cette catégorie aussi bien toutes les applications de suivi de traçabilité de marchandises par exemple, que les flux d'informations financières. Cependant, la blockchain est souvent utilisée dans ces cas sans qu'il n'y en ait une réelle utilité comme nous allons le voir. Je vais vous détailler pourquoi c'est bien souvent inutile et que faire à la place.

Le suivi des flux par la blockchain : une histoire de transactions

La principale raison de l'utilisation de la blockchain pour le suivi des flux est le fait que la blockchain soit une "bonne" technologie pour tenir à jour un registre de transactions. En effet, comme nous l'avons vu dans la première partie du livre lorsque nous décrivions le fonctionnement de Bitcoin, la blockchain Bitcoin consiste en un livre de compte ouvert et infalsifiable. Ce livre de compte est une base de données transactionnelle.

Les "transactions" sont des données extrêmement sensibles, d'où le besoin de les sécuriser. Lorsqu'en plus on veut que ces transactions soient visibles on peut alors envisager une solution blockchain qui va permettre de rendre les transactions à la fois publiques et sécurisées. J'en profite ici pour rappeler que si vous voulez garder des données sécurisées, la méthode la plus efficace est avant tout de les garder cachées. Ce n'est que si vous avez absolument besoin de les rendre publiques, au sens vérifiable de n'importe qui, que vous allez éventuellement avoir besoin d'une blockchain. Si ces données peuvent uniquement faire l'objet d'"audit" ce sera beaucoup plus facile (et potentiellement efficace) de les sécuriser en les cachant. La base de la sécurité en informatique c'est d'ailleurs le contrôle des "ports d'accès" à vos machines. Si les ports sont fermés, l'information est inaccessible et donc sécurisée.

N'oubliez pas d'ailleurs que la sécurité de votre système est égale au point de sécurité le plus vulnérable. Si votre architecture implique des communications avec des systèmes externes cela va créer des vulnérabilités et donc faire baisser le niveau de sécurité de votre système entier, détruisant ainsi parfois tout intérêt d'utiliser une blockchain.

Les transactions sont des données d'autant plus sensibles lorsque l'asset dont elles traduisent le transfert n'existe que par ces transactions… C'est le cas de Bitcoin. Les Bitcoin ne se comptent qu'en faisant la somme des transactions.

Revenons-en à nos "flux". Il est possible de traduire des flux comme une suite de transaction. A chaque étape d'une supply chain par exemple, dès qu'une personne A transfère un asset à une personne B, on peut dire qu'il y a eu une transaction de A à B. On peut ainsi tracer l'historique d'un asset en listant les transactions relatives à cet asset. La grande difficulté cependant, et le réel enjeu de la traçabilité, c'est d'avoir bien tous les maillons de la chaîne. S'il en manque un, la trace se perd.

On utilise donc la blockchain pour lister l'ensemble des "transferts" d'un même asset. Cela permet d'en faire la traçabilité.

Signature et transfert de responsabilité

L'utilisation basique de la blockchain pour le suivi des flux consiste donc à lister ces transferts. Cet usage est tellement basique qu'en lui-même il ne justifie pas forcément l'usage d'une blockchain.

Certaines startups / solutions blockchains du marché ont voulu aller plus loin en proposant de représenter sur la blockchain de réels transferts de responsabilité. Pour cela chaque "transfert" va être "signé" par les personnes qui justement transfèrent l'asset. On en revient ainsi à un usage proche de celui des cryptomonnaies, où on a des utilisateurs qui possèdent des wallets et qui depuis ces wallets peuvent posséder puis transférer leurs assets. Les transferts sont dans ce cas-là de véritables "transactions".

On a dans ce cas pas seulement une information nous disant que tel asset a été transféré mais également que telle personne déclare avoir transféré l'asset. C'est ainsi que l'on peut représenter numériquement un transfert de responsabilité.

Cela est très intéressant dans certaines supply chain où les assets sont de grandes valeurs, comme dans les diamants par exemple. C'est une façon de demander aux acteurs de la supply chain de faire une déclaration officielle de transfert.

Pourquoi cependant bien souvent la blockchain ne sert à rien ?

Il y a deux principales raisons pour lesquelles dans le cas du suivi des flux la blockchain ne sert à rien. La première raison c'est qu'il y a une disjonction entre l'asset physique et sa représentation numérique. La deuxième c'est qu'il y a des alternatives aussi voire plus efficaces et moins chères.

Disjonction entre l'asset physique et sa représentation numérique

La blockchain est une technologie qui permet de sécuriser une donnée informatique. Les Bitcoins n'existent que sur Internet. Ils sont entièrement numériques. Dès lors que l'on parle de suivi des flux, dans de très nombreux cas on parle de flux "physiques". Par exemple le flux des montres qui vont de la manufacture en Suisse aux magasins partout dans le monde.

Comment faire ainsi coller la représentation numérique de l'objet, que l'on va pouvoir sécuriser avec la blockchain, avec l'objet physique en lui-même ? Je vais vous donner un exemple très concret pour illustrer le problème.

Supposons que j'ai créé une solution qui permette de représenter numériquement cette montre très haut de gamme, disons une Rolex. Dès qu'Alice va acheter une Rolex en magasin elle va avoir droit à une Rolex virtuelle en même temps. Cette Rolex virtuelle est un token dans un wallet sur son téléphone. Cela implique donc qu'Alice va devoir télécharger une application sur son téléphone pour pouvoir y stocker le token de sa Rolex. Malheureusement dans ce cas, on va perdre beaucoup d'Alice qui n'auront pas envie ("à quoi ça sert ?") / auront la flemme / ne seront même pas au courant qu'il faut télécharger cette app pour obtenir le token de sa Rolex. On peut donc supposer qu'au mieux 10% des acheteurs de Rolex vont récupérer le token associé à leur Rolex.

Les autres tokens resteront la propriété de la marque tant que personne ne les a réclamés... On voit déjà là une forte disjonction entre la réalité physique qui possède une Rolex, et la réalité numérique qui possède le token de la Rolex. Imaginons ensuite que dans quelques années Alice revende sa Rolex à Barbara. Quelles vont être les chances que Barbara réclame son token Rolex, télécharge l'application et finalement récupère le token ?

Si on prend la même estimation optimiste que 10% des personnes dans la situation de Barbara vont le faire, on va vite se retrouver avec en réalité très peu de Barbara possédant effectivement le token de la Rolex. En effet, parmi ces 10% de Barbara souhaitant avoir un token il n'y en aura que 10% qui pourront en avoir un car seulement 10% des Alice pourront leur en fournir un, au mieux. On aurait donc dans ce cas 1% seulement des Barbara avec un token associé à leur Rolex. Tout cela pour démontrer donc que dans quelques temps très probablement bien avant la fin de la durée de vie de ces Rolex, on se retrouverait avec plus de 99% des tokens Rolex non possédés par les propriétaires de Rolex. On peut donc sérieusement remettre en question ce cas d'usage de suivi des Rolex via un token...

Par ailleurs, il faut également sécuriser la possibilité de transférer le token par un procédé qui permette de prouver que la personne qui transfère le token possède bien l'objet physique. Pour cela, on peut par exemple utiliser des puces NFC ou RFID. Ainsi par exemple pour qu'Alice puisse transférer le token de sa Rolex, il faudrait qu'elle scanne la puce dans sa Rolex.

Il faut cependant faire très attention à ce genre de technologies, car bien que la loi interdise de copier les puces et leurs identifiants uniques, c'est hélas très facile et très courant. Il est donc recommandé d'utiliser des puces spéciales dont on n'utilise pas uniquement l'identifiant mais un code généré par la puce et différent à chaque fois. Comme le code change à chaque scan si on essaie de copier le code que l'on lit, il n'est plus valide la fois suivante.

Il faut donc recourir à des "traceurs" sur les objets physiques et pouvant être interprétés numériquement. Cependant, cela ne suffira pas à garantir la concordance entre la possession du token et la possession de l'objet physique. Il faudra faire de nombreuses vérifications et dans le cas où il y a disjonction on ne pourra bien souvent rien faire car seul le propriétaire du token devrait être en mesure de le transférer.

Des solutions de blockchain de consortium, où les entreprises peuvent justement rectifier et réattribuer à leur guise les tokens existent. Cependant, on est dans ce cas loin de l'intérêt de la blockchain de représenter une réelle propriété numérique. Dans ce cas une simple base de données hébergée par l'entreprise ayant justement le contrôle sur le service aurait suffi.

Les alternatives

L'alternative, comme je viens de l'expliquer au paragraphe précédent est donc d'avoir un système classique, non décentralisé, hébergé et fourni par les entreprises souhaitant garder le contrôle sur le flux, une base de données centralisée.

Cela n'est pas pour autant trivial. De telles plateformes, souvent appelées outil de "track and trace", peuvent être d'une grande complexité pour les raisons suivantes :

- Acteurs et entreprises multiples utilisant le même système : ce ne sont pas de simples systèmes d'informations ("SI"), mais des "SI" cross entreprises. Ils doivent donc s'interfacer avec des SI différents et multiples. Les solutions SAAS (non hébergées chez les entreprises) sont d'ailleurs à ce titre très développées pour le suivi des flux
- Qualité et précision du lien avec le flux physique : les systèmes doivent utiliser des traceurs sur ce qui est suivi et cela implique bien souvent d'utiliser différents types de traceurs en fonction d'où on se trouve sur la supply chain
- User Interface ("UI") et User Experience ("UX") : les interfaces doivent permettre d'analyser ce qui se passe sur la supply chain, parfois en temps réel ou a posteriori. Comme ces systèmes peuvent recouper de grandes quantités de données la qualité des interfaces est d'autant plus critique
- Gestion de la confidentialité de l'information : dans les supply chain tout le monde ne doit pas tout voir de tous. Prenons un exemple pour comprendre ce point. Prenons une usine d'assemblage de sacs à main, appelons-là Paulette. Paulette achète du cuir à la tannerie Jean. La

tannerie Jean achète ses peaux aux abattoirs Jacques et Pierre. Cependant Jean n'utilise que les peaux de Jacques pour fournir Paulette. Paulette ne devrait pas savoir que Jean se fournit également chez Pierre. Cela ne la concerne pas. L'information ne doit donc pas être visible de tous par tout le monde. Cela préserve également les intérêts économiques des différents acteurs, surtout quand le sourcing (l'approvisionnement) est justement stratégique.

La blockchain gère particulièrement mal ce dernier point de la confidentialité. Dès lors que plusieurs acteurs décident d'utiliser une même blockchain cela va demander de nombreux compromis pour rendre l'information confidentielle. Au final cela va enlever toute possibilité de collaboration entre ces entreprises. C'est le problème notamment de la solution blockchain Quorum, en réussissant à préserver la confidentialité, elle réduit les moyens de collaboration entre les participants.

La problématique de la sécurité des données contenues dans ces systèmes de track and trace est de son côté bien mieux assurée avec de la sécurité informatique classique qu'avec une blockchain. J'entends par "sécurité informatique classique" le même point que déjà évoqué précédemment, pour sécuriser la donnée le mieux est encore de la cacher. Cela répond également aux problématiques de confidentialité évoquées ci-dessus.

Les enjeux de traçabilité au cœur de nos sociétés

Pourquoi dans ce cas voit-on émerger tant de projets de traçabilité s'appuyant sur des technologies blockchain ? La principale raison est qu'on voit émerger de nombreux projets de traçabilité tout court. La traçabilité est au cœur des enjeux de nos sociétés. Il y a plusieurs moteurs à cela :

- La défiance des consommateurs vis à vis de ce que les entreprises leur ont caché de leurs pratiques : de très nombreux reportages aussi bien à la télévision que dans des magazines dénoncent des pratiques peu scrupuleuses de certaines entreprises. Les consommateurs ainsi se défient et ont tendance à voir le mal partout de base.
- Les problématiques environnementales qui concernent de plus en plus les consommateurs mais également les entreprises : Dans ce cas, il ne s'agit pas de faire simplement du "green washing" mais bien d'être capable de réduire son impact sur l'environnement. Les règlementations, particulièrement en Europe, vont dans ce sens. Et dès qu'une entreprise monte ses exigences environnementales ce sont tous ses fournisseurs qui doivent s'aligner pour ne pas perdre un client
- Le bien-être animal : non seulement de plus en plus de personnes deviennent vegan ou végétariennes, mais en plus ceux qui consomment encore des produits issus de l'exploitation d'animaux demandent à ce que ces animaux soient traités décemment. Il y a par exemple des règlementations très fortes en Europe sur l'abattage des animaux qui imposent que l'animal soit assommé pour ne pas souffrir lorsqu'il est abattu.
- Le bien être des travailleurs : les entreprises sont en première ligne pour contribuer au progrès social. Pour cela elles doivent jongler avec la mondialisation et

l'amélioration des conditions de travail tout en préservant leur marge nette. La traçabilité est un prérequis à cela.

Les plateformes de "track and trace" bien que complexes comme expliqué plus haut, ne sont pas "rocket science". Elles n'ont pas besoin d'intégrer des technologies révolutionnaires pour fonctionner. Mais admettre cela, c'est aussi admettre qu'on aurait pu les mettre en place il y a bien longtemps… D'ailleurs certaines filières sont bien plus en avance que d'autres en la matière.

La blockchain a buzzé, en particulier en 2017. De par la nature complètement révolutionnaire de Bitcoin, on associe cette technologie dans l'opinion publique à une technologie de pointe. Finalement, c'est un argument marketing pour vendre aujourd'hui une solution qu'on aurait pu vendre il y a 10, 15 ou 20 ans.

Est-ce une mauvaise chose ?

Si cela vous est facturé cher, oui c'est même une arnaque. Si on vous vend dans votre solution de "track and trace" une "fonctionnalité blockchain" en option et pas chère, alors là je vous conseillerais de ne simplement pas la prendre et de ne pas en vouloir à ceux qui vous l'ont proposé.

Pour moi cet engouement autour de la blockchain pour le suivi des flux a même une vertu. Cela a permis de remettre sur la table cette thématique cruciale et pour laquelle il y a énormément à faire : la traçabilité.

11. COMMENT REUSSIR VOS PROJETS BLOCKCHAIN ?

Dans ce chapitre, mon objectif est de vous donner quelques clés simples pour réussir un projet blockchain. Ce que j'entends par là c'est mener à bien un projet blockchain de sorte à obtenir des résultats concluants, ou "apprentissages". Je fais ainsi encore référence à l'approche "Lean Startup" d'Éric Ries.

Je vais vous expliquer à ma façon ce que j'ai compris de comment appliquer cette approche dans un milieu corporate lorsque l'on veut mettre en place une innovation. Je reviendrai ensuite plus spécifiquement à ce qui concerne les projets innovants ayant une composante blockchain.

→ Réussir à innover

→ Réussir un projet innovant à composante blockchain

Je tiens à vous faire remarquer que mon interprétation de la chose est due à mon expérience réelle sur le terrain. Je ne me suis pas contentée ce lire le livre d'Éric Ries et de vous en faire un compte-rendu ici. Cela fait 3 ans que j'œuvre dans ce sens au sein de la direction de l'innovation d'un grand groupe de luxe français.

On essaie des choses, on se plante, on essaie d'autres choses et à chaque fois on mesure et on adapte notre approche. Et cela est absolument essentiel. S'il y a d'ailleurs bien une chose que vous devez retenir de ce chapitre c'est ceci : pour innover, il faut passer à l'action.

A. Réussir à innover

Si vous voulez que votre entreprise non seulement survive mais se développe dans les années à venir, vous n'avez pas d'autre choix que d'innover. Innover ou mourir, c'est bien la plus grande leçon du monde des affaires depuis ces 20 dernières années selon moi.

Cela ne concerne pas que les startups, même si, en ce qui les concerne, c'est une question de vie ou de mort pour leurs prochains mois à venir. Cela concerne toutes les entreprises. Les plus grosses et plus robustes entreprises pourront survivre quelques mois voire années de plus sans innover. Quand il s'agit d'années cela est d'autant plus dangereux que c'est imperceptible. Pourquoi ?

Disruption

La raison numéro 1 à cela est que si vous ne le faîte pas, d'autres vont le faire. L'archétype de ce phénomène est l'arrivée de "disruptions" dans de très nombreux pans de l'économie. Qu'est-ce qu'une disruption ? C'est une nouvelle façon de servir un client qui remet complètement en cause les business models existants des entreprises qui servaient ces mêmes clients. Un exemple est Airbnb. Cette offre disrupte le secteur traditionnel de l'hôtellerie.

En rendant plus facilement réservable une nuit chez un particulier le client va mettre en concurrence le fait de dormir chez un particulier et le fait de dormir à l'hôtel. Or un hôtel a une structure de coût très conséquente, avec notamment beaucoup de frais de masse salariale, et un grand nombre de chambres à écouler sur le marché. Il a par définition un business model assez différent, et par exemple il va nouer des partenariats avec des agences de voyages avec pas de porte pour commercialiser une grande partie de ses nuits "par lots".

Mais avec l'arrivée d'Airbnb, ainsi que celle des "OTA" "Online Travel Agency", les hôtels ne peuvent plus se passer de la clientèle qui réserve en direct via Internet. Les hôtels n'ont eu d'autre choix que d'innover et d'embrasser la révolution numérique.

Nouveau marché ou nouvelle façon de servir un même marché ?

L'autre principale raison d'innover c'est de développer votre entreprise en faisant notamment croître son chiffre d'affaires. On peut également innover pour réduire les coûts, cela arrive très souvent lorsque l'on se numérise, mais en réalité le vrai graal c'est de développer votre chiffre d'affaires. Le gain de marge sera un éventuel bénéfice additionnel, mais ne comptez pas dessus en priorité. Visez la croissance. D'ailleurs ne dit-on pas qu'une entreprise c'est comme une bicyclette, si elle n'avance pas, elle tombe ? Alors en quoi innover va vous permettre de développer votre chiffre d'affaires ?

Ce qu'il faut bien comprendre c'est qu'innover ne va pas vous permettre de créer un nouveau marché. Je fais exprès d'être radicale en disant cela, mais je m'appuie aussi pour ceci sur mon passif de mathématicienne de la finance. Le marché "est" et il est efficient. A vous de le surfer. Oui il est en mouvement en permanence, comme une vague, mais honnêtement ne perdez pas trop de temps à estimer où la vague sera dans quelques minutes. Concentrez-vous pour monter dessus. Surtout que si vous êtes réaliste, vous savez que la vague va au final s'échouer. Ce qui compte c'est que vous preniez un bon "kiff" sur cette vague. Et pour prendre un bon "kiff", il vous faut une belle vague. Vouloir innover en lançant un produit pour un nouveau marché qui n'existe pas encore c'est comme vouloir prendre une vague 10 mètres avant qu'elle ne se forme.

Le marché qui vous intéresse existe déjà, dans le sens où le besoin de vos clients existe déjà. Et dans ce cas-là, la preuve ultime que le besoin de vos clients existe déjà, et donc que le marché existe, c'est que ce besoin est déjà couvert par une solution. Innover c'est donc trouver une nouvelle façon de servir ce besoin. Une façon qui y répond mieux, souvent moins cher, ou en tout cas avec plus de valeur ajoutée pour votre client. Ca peut-être aussi la combinaison de plusieurs services apportés dans une seule solution qui apporte soudain plus de valeur pour le client.

L'analogie de la vague a cependant ses limites. Car si vous surfez suffisamment bien la vague du marché, il est vrai que vous pouvez la faire grossir. Ce qui n'est évidemment pas possible en surfant. Les entrepreneurs les plus fabuleux de la planète ont réussi cet exploit. Et en ce sens-là on pourrait avoir l'impression que l'on a créé un nouveau marché. Je pense à Facebook par exemple. Il existait déjà des trombinoscopes en ligne à l'époque.

Mais seulement une toute petite fraction de la population était dessus, et cette petite fraction l'utilisait une toute petite fraction de leur temps. Facebook a réussi l'exploit de mettre dans ses réseaux sociaux un milliard de personnes, et de leur faire consacrer à ce nouveau service pour eux une fraction significative de leurs journées... Mais quand on y pense au tout début, tout est partie d'un simple trombinoscope de fac. En soit pas quelque chose de révolutionnaire et quelque chose qui répondait tout simplement à un besoin qui existait.

Peut-être que Mark Zuckerberg avait cette vision planétaire dès le début. Mais on n'en sait absolument rien et s'il ne l'avait pas eu quand il a commencé, il aurait quand même commencé car il répondait à un besoin immédiat, et ça c'est ce qui finalement compte le plus pour réussir à innover.

Passer à l'action

Innover ce n'est certainement pas faire des plans sur une feuille ou des powerpoints. Innover c'est agir. Pourquoi cela ?

Une première explication à cela va reposer pour moi sur la définition d'innover. Pour moi on innove quand on apporte une valeur nouvelle au client. Cela on le fait en servant le client. Pas en le racontant en conseil d'administration sur un powerpoint.

On peut avoir des idées nouvelles, et on peut s'amuser à les mettre au brouillon et à échanger dessus. Il faut d'ailleurs faire ce processus pour innover. Il faut comprendre le marché, regarder ce que font les concurrents, bref sentir la vague venir. Mais ensuite, il va falloir ramer très fort avec les bras pour gagner en vitesse et pouvoir sauter dessus.

Ce n'est que lorsque vous serez debout sur la vague - ou qu'un autre surfeur le sera à côté de vous - que vous aurez la confirmation que la vague était bonne.

Passer à l'action, cela signifie dans mon langage se confronter au marché, donc faire des expérimentations avec de vrais clients. Car il n'y a que le client et son avis impartial de personne ayant payé pour ce service, qui pourra vous dire si ce que vous faîtes c'est de la daube, ou non.

Mesurer

Cela signifie que non seulement vous devez passer à l'action, mais en plus vous devez mesurer vos résultats. Comment interpréter le fait que le service plait au client ou non. Cet exercice est capital et honnêtement très difficile surtout en milieu corporate.

Nous sommes des êtres humains et souvent dans le cas des innovateurs, des personnes optimistes. Nous voulons nous faire voir sous notre meilleur jour auprès de la direction et par conséquent il est difficile d'être clairvoyant sur la qualité réelle des résultats de nos expérimentations avec vos clients.

Un conseil pour palier à ce phénomène humain est de définir vos KPIs ("key Performance Indicators" ou indicateurs de réussite) avant de lancer vos expérimentations. Prenez des comparatifs du marché et définissez des objectifs à atteindre avant de lancer vos expérimentations.

Ensuite, vous pouvez jouer sur la nature de ce que vous mesurez. L'idéal selon moi est d'éviter les questionnaires clients.

Comme vous rédigez le questionnaire vous-même, il est très facile de le biaiser pour obtenir les résultats qui vont confirmer votre initiative. Prenez des indicateurs objectifs :

Combien de personnes ont acheté le service, combien ont-ils payé pour cela ? Comme je l'indiquais précédemment, il vaut mieux viser un accroissement du chiffre d'affaires lorsque l'on innove. Je prends donc des exemples liés à ces objectifs. Mais si vous visez une amélioration de la performance opérationnelle, prenez des indicateurs dans ce sens. Cela va de soi.

Itérer

Le secret ensuite c'est d'itérer. Et de le faire le plus vite possible.

Ce principe repose sur une triste réalité statistique, qui dit que vous allez très probablement échouer. L'initiative que vous avez lancée est en fait très probablement une grosse daube. Mais ce n'est pas grave. Nous les entrepreneurs on le sait très bien car on a un certain nombre d'échecs à notre compteur. J'ai personnellement lancé 3 projets ratés avant de démarrer mon activité de conseil en blockchain qui fonctionne. Et je continue à lancer des choses qui ratent. Je ne peux pas m'en empêcher. Suis-je une loseuse pour autant ? Je ne crois pas. Réussir à gagner très bien ma vie en ayant moins de 30 ans avec une entreprise que j'ai lancé moi-même, j'estime que ça valait le coup de me planter un grand nombre de fois.

Comme vous allez très probablement échouer, autant le faire vite. Cela vous permettra de lancer la prochaine idée très vite. Et comme ici c'est la loi des grands nombres qui vous permettra de trouver le graal, faîtes vite pour lancer un max d'idées le plus rapidement possible. Et par pitié encore une fois, soyez réaliste quant aux résultats.

Pour itérer, il est important d'avoir une approche structurée par étapes. A la fin de chacune de ces étapes, on décide si on passe à l'étape suivante. Le but est d'avoir des étapes minimales, donc à moindre coût et effort pour valider ou invalider l'idée. Cela permet de minimiser le coût et surtout le temps avant de se rendre compte que l'idée est mauvaise. C'est tout le concept d'une approche "lean", soit efficiente. Une startup "lean" est une startup qui fait de petites expérimentations les moins chères possibles pour valider l'appétence client.

L'idée principale est de remplacer de l'investissement habituellement mis dans des études et de la recherche par de l'investissement mis dans des petits tests beaucoup plus instructifs.

Voici un exemple d'approche par étape, un peu à ma sauce. Attention, il faut adapter l'approche à ce qui vous semble le plus juste en fonction de ce que vous voulez tester bien sûr. Surtout ne répliquez pas le schéma que je vais vous donner ci-dessous. Et d'ailleurs pour être tout à fait honnête, je ne l'ai jamais suivi tel quel moi-même. Je le présente ici pour vous donner des idées de comment découper votre approche par étape.

2. **Idéation**. Dans cette étape l'objectif est de définir deux choses : un problème client et une solution que vous pouvez apporter. C'est une étape qui a lieu sur le papier, c'est vrai. Mais ne vous contentez pas du papier. S'il-vous-plait faîtes l'effort d'aller sur le terrain.

Parlez vous-mêmes à des clients, achetez vous-mêmes des produits, testez-les.

3. **POC**: "Proof Of Concept" ou preuve du concept. Dans cette étape, l'objectif est de démontrer que votre solution arrive à répondre au problème de votre client. On valide en général à ce moment la faisabilité technique de la solution, le fait que "ça fonctionne". Mais par pitié surtout n'oubliez pas l'essentiel encore une fois, que ça résolve le problème de votre client. En général dans cette phase on prend l'échantillon le plus petit possible, qui va nous demander donc le moindre coût et effort, mais qui va tout de même nous donner un résultat en lequel on a confiance.

4. **Pilote**. Dans cette étape, l'objectif est de tester tout ce qui doit l'être pour mettre en place l'étape suivante le MVP. Je vous conseille donc de lire d'abord l'étape suivante avant celle-ci. Comme à l'étape suivante on voudra un produit "rentable", on va commencer à tester dans le pilote la scalabilité de la solution. C'est à dire qu'on veut voir si on va réussir à amortir les coûts en augmentant les ventes. On teste tout ce qui va avoir un impact pour le passage à l'échelle, notamment on n'oublie pas de tester à cette étape la commercialisation.

5. **MVP**: "Minimum Viable Product", produit minimum viable. Dans cette étape, l'objectif est de montrer que la solution que l'on vend au client est rentable et donc soutenable. Le concept de "viabilité" en matière d'affaires est un concept tout simplement de

rentabilité. L'idée ici est d'avoir lancé un produit sur le marché qui génère plus de revenus qu'il ne coûte d'argent. Et l'objectif pour cela est d'avoir trouvé la version la plus minimaliste du produit, celle qui coûte le moins d'argent, mais qui permet tout de même de générer des revenus et donc de répondre au problème du client. Comme on est "lean" donc efficient et qu'on veut d'abord tester le marché on commercialise en tout premier un produit à peine fini. Et on voit comment le marché réagit.

6. **Features** ou fonctionnalités en français. L'objectif ici va être d'enrichir le produit de base en y ajoutant des fonctionnalités. Quand je parle de features, je ne parle pas que des fonctionnalités additionnelles pour le client. Pour moi une feature peut aussi concerner une problématique "back-end" que le client ne voit pas, mais qui améliore le fonctionnement de la solution. Dans cette phase on applique toujours une méthode "test and learn", ou en teste et on itère pour chacune des fonctionnalités en mesurant les résultats.

7. **Restart** ou tout recommencer. L'objectif ici va être de recommencer le design de la solution de 0 pour avoir une solution beaucoup plus efficiente techniquement. Le problème de l'approche par étape décrite précédemment, c'est qu'on se retrouve en général avec un fouillis innommable, que l'on appelle communément une "dette technique". L'objectif numéro 1 de toutes les étapes précédentes était de tester l'appétence client. Mais on se retrouve du coup

avec une base technique inefficiente et difficile à digérer pour ceux qui l'utilisent.

C'est notamment le cas dans les projets informatiques utilisant du code. Et à ce moment-là la meilleure solution est souvent de recommencer de 0. Avoir cette étape en tête dès le début permet aussi pendant les étapes précédentes de se "décoincer" et de mieux accepter, ou de faire mieux accepter aux équipes techniques, de faire un travail comme on dit "quick and dirty" soit rapide mais un peu sale. Parce que ne l'oublions pas, l'objectif est de se planter, ou de trouver son marché le plus vite possible.

Certains lecteurs déjà aguerris à ces méthodes d'innovation souligneront peut-être l'absence du concept de "product market fit" dans mes étapes. Le "product market fit" est la validation que le produit a trouvé son marché et inversement. Concrètement, c'est un terme très utilisé par les investisseurs en Venture Capital, à savoir les investisseurs qui investissent dans des startups au début de leur histoire.

Ce "fit" est très attendu car il confirme que le produit répond bien à un besoin de marché. En général ce "fit" est facilement quantifiable car il se traduit par une augmentation des ventes qui dépasse ce que l'on pourrait attendre d'une initiative marketing ou de vente. C'est donc un signal très fort et très clair. A quel moment doit-on s'attendre à la voir ? Normalement cela arrive quand le MVP est lancé. Mais n'oublions pas, l'essentiel est d'itérer. Et votre MVP n'atteindra peut-être pas cet objectif, alors il faudra réessayer et peut-être qu'une feature déclenchera le "fit".

Encore plus "lean"

Il est possible d'être encore plus "lean" dans le sens où il est possible d'itérer en limitant encore plus l'investissement. Pour cela je voulais vous présenter une approche que j'ai construite ici en m'inspirant notamment des méthodes de "développement personnel". Pour ma part, j'ai découvert ce domaine grâce à un auteur assez controversé dans le milieu des startups. Il s'agit de Tim Ferris qui a écrit le best-seller "La semaine de 4 heures" ou en anglais "The 4-Hour Work Week". Les références ensuite qui m'ont le plus marquées sont par ordre d'importance pour moi aujourd'hui :

1.   "Réfléchir et devenir riche" de Napoleon Hill.

2.   Les séminaires, formations et le livre "Réussite Maximum" de Max Piccinini

3.   "Comment se faire des amis" de Dale Carnegie

4.   "Supercollectif", d'Émile Servan-Schreiber

5.   "Les 7 habitudes de ceux qui réalisent tout ce qu'ils entreprennent", de Stephen R Covey

Je tiens ici à rappeler que lire ou aller à des séminaires ne suffit pas pour se développer. Il faut absolument implémenter et tester soi-même en permanence ce que l'on entend ou lit.

Enfin, je vous avertis cette partie va clairement en dehors des clous de notre sujet blockchain. Il me semblait pertinent dans le cadre de cette description de "comment réussir un projet blockchain" de vous donner mes astuces de "comment réussir" tout court.

"La semaine de 4 heures" et plus généralement le développement personnel, a profondément changé ma vie en me permettant de me poser de profondes questions sur ce que j'avais envie de faire de ma vie. Ce qui était très nouveau pour moi dans cette approche c'est que lorsque l'on se pose cette question on ne se la pose pas comme à l'école uniquement d'un point de vue professionnel. On considère que l'on doit s'épanouir en tant qu'être humain, dans toutes les sphères qui nous concernent. Et d'ailleurs le livre de Tim Ferris démarre ainsi par le très bel exercice de la rédaction de son "chrono-rêve". Cela consiste à mettre sur le papier ses rêves pour les 12 à 18 mois à venir.

Tim Ferris met ensuite en avant le fait qu'il nous faut deux éléments pour réaliser ses rêves :

- Du temps
- De l'argent

Et par essence pour maximiser ces deux paramètres, il faut être "lean" à l'extrême.

Il décrit en détail une méthode pour générer des revenus automatisés via une activité sur Internet en créant ce qu'il appelle une "muse". La méthode est un peu datée car les opportunités qu'il y avait à saisir ont hélas déjà été prises pour la plupart par les milliers de personnes qui ont lu le livre avant vous. Mais il y a de très nombreux excellents messages que je recommande à toute personne voulant développer son activité, autour de 2 thèmes selon moi, que je vais détailler ici :

1. Productivité personnelle

2.   Réussite dans le numérique

Productivité personnelle

Les éléments les plus importants selon moi pour améliorer sa productivité personnelle sont les suivants

- 80-20
- Parkinson : ou la force des deadlines
- Le focus
- Gestion des emails

80-20

Pour être efficace, il faut prioriser. On a toujours de très nombreuses tâches devant nous que l'on peut accomplir. Mais certaines vont avoir plus d'impact que d'autres.

Voici la théorie du 80-20. Prenons un travail à réaliser. Pour le réaliser entièrement cela vous demandera de réaliser 100% de l'effort qui produira 100% des résultats attendus. Cependant, d'après la règle du 80-20 :

- Il y a 80% de l'effort qui produit 20% des résultats
- Les 20% restant de l'effort produisent 80% des résultats
- Quand on veut être ultra efficace voilà ce qu'il faut faire :
- Faire en tout premier lieu les 20% qui produisent 80% des résultats
- Ne pas faire le reste

Ce principe-là est donc une façon de prioriser, et de ne faire QUE ce qui produit beaucoup de résultats. En pratique cela est souvent observé dans un business où 80% du chiffre (idéalement de la marge) provient de tout au plus 20% des clients. Tandis que le reste des clients vous consomment 80% de votre temps pour seulement 20% de résultats. Vous voulez améliorer les résultats de votre entreprise ?

Oubliez les 80% de clients qui génèrent peu de résultats et focalisez-vous sur vos 20% de clients qui vous rapportent beaucoup plus. Vous pouvez par exemple les "up sell" ou "cross sell", autrement dit leur proposer des produits plus chers, ou nouveaux. Ou vous pouvez vous libérer du temps pour aller chercher d'autres clients, vraiment rentables.

De mon expérience le principe du 80-20 va même souvent beaucoup plus loin et il s'agit souvent de 90-10.

Je l'ai personnellement expérimenté de façon extrême lorsque je suis passée de consultante salariée dans un cabinet à consultante indépendante. Je travaillais beaucoup sur des sujets de fusion-acquisition en cabinet. C'était des missions très chères, facturées environ 50000€ la semaine par le cabinet. Et nous étions 4 à 5 consultants à plein temps, plus quelques associés à temps partiel sur la mission.

Lorsque je suis devenue indépendante, à ma grande surprise, ma première mission a justement été une mission de fusion-acquisition. Cela m'a surpris car je pensais qu'il fallait justement une grosse équipe pour traiter ce genre de dossier. J'avais tort. Sur cette première mission en tant qu'indépendante nous étions deux, moi et un autre consultant qui était expert du secteur car il avait travaillé des années dedans.

Aucun manager, aucun associé, juste nous deux en contact direct avec le client. Et là surprise, non seulement nous finissions à des heures raisonnables le soir, c'est-à-dire vers 19h au lieu de finir entre minuit et 4h du matin en cabinet, mais en plus nous avons fait un excellent travail. Nous avons pu produire à nous deux une grande profondeur d'analyse qui a été fortement appréciée par le client, et ce pour 80% moins cher qu'en passant par un cabinet traditionnel. Comment cela était-il possible ? Avec moins de moyens humains pour cette mission nous avons sans cesse priorisé et focalisé nos efforts là où ça allait avoir de l'impact. Nous avons appliqué le principe du 80-20.

Parkinson : ou la force des deadlines

D'après Wikipédia, la loi de Parkinson pose que tout travail au sein d'une administration augmente jusqu'à occuper entièrement le temps qui lui est affecté. Cette loi a été publiée par Cyril Northcote Parkinson en 1955 dans un article de The Economist pour mettre en garde contre la multiplication des bureaucrates. Mais cette loi est aussi très utile à connaître à titre personnel. Si par exemple vous vous bloquez 4h dans votre agenda pour réaliser une tâche, quand bien même cette tâche ne prendrait que 2h à réaliser, il est très probable que vous mettrez 4h à l'accomplir.

Sachant cela vous avez deux leviers d'actions pour améliorer votre productivité :

- Planifier au plus juste le temps dont vous allez avoir besoin
- Vous fixer des deadlines assez rapprochés

Les deadlines sont un outil hyper puissant et en général les heures voire les minutes qui précèdent la deadline sont les plus productives. Je l'ai personnellement expérimenté lorsque j'ai rédigé un mémoire de stage en l'espace d'un weekend. C'était un exploit de l'écrire en si peu de temps alors que mes camarades y avaient passé des mois. J'ai pu accomplir cet "exploit" car la deadline était le lundi matin à 9h30 et que j'ai commencé le vendredi précédent. J'ai travaillé littéralement nuit et jour et finit par aller faire imprimer mon mémoire à l'ouverture de la boutique à 9h. Au final j'ai dû produire en beaucoup moins d'heures que si je m'y étais mise 2 mois avant.

Cependant le résultat n'était pas très satisfaisant. Le mémoire était assez mal écrit et peu fouillé.

Ce que j'aurais dû faire, c'est me planifier des deadlines intermédiaires, avec des objectifs intermédiaires très clairement définis. J'aurais pu ainsi avoir une deadline dédiée uniquement à la relecture par exemple. Cela m'aurait sans doute permis d'avoir une meilleure note.

Le focus

Un autre facteur clé de productivité est le focus. C'est l'ingrédient secret pour produire vite et bien. Cela se comprend très bien en exposant la contraposée. Je vais pour cela vous donner un exemple qui vient de m'arriver il y a 5 minutes.

J'étais en train d'écrire le paragraphe précédent sur la productivité lorsque mon téléphone a sonné. Voyant qu'il s'agissait de ma notaire, j'ai répondu. Ma notaire a d'ailleurs bien compris dans ma voix que j'étais en train de faire autre chose, et m'a demandé "je vous dérange peut-être, souhaitez-vous que je vous rappelle à un autre moment ?". Et dans ma tête je me suis dit que le mal était fait alors tant pis j'ai pris quelques minutes pour répondre à ses interrogations.

Hélas cependant quand j'en suis revenue à l'écriture de ces lignes, j'étais un peu perdue. Il m'a donc fallu remonter en arrière, retrouver le fil de mes pensées pour pouvoir recommencer à produire.

Le fait d'avoir changé de focus m'a au final fait perdre beaucoup de temps.

Supposons maintenant que mon téléphone ait sonné mais que je n'ai pas répondu. Dans ce cas là quand aurait-il été de ma perte de focus ? La perte de focus total sur mon activité d'écriture aurait duré quelques secondes seulement, le temps que je jette à œil à l'écran de mon téléphone et l'éteigne. Et j'aurais pu me remettre à écrire, presque en m'interrompant au milieu d'une phrase et en la reprenant ensuite.

Cependant il y a une autre forme de perte de focus qui serait intervenue. Une perte de focus "partielle". En effet en reprenant mon travail d'écriture je n'aurais pas pu m'empêcher de réfléchir en arrière-plan à pourquoi ma notaire vient de m'appeler. Et ça aurait fortement détérioré et possiblement pendant longtemps la qualité de mon travail en cours.

Pour être productif il faut maximiser son focus sur la tâche que l'on est en train de réaliser. S'y concentrer à fond.

Le téléphone qui sonne est un exemple grossier et évident pour beaucoup. Cela est devenu habituel pour de nombreuses personnes de mettre leur téléphone en silencieux par exemple.

En revanche, la plupart des gens ne se rendent pas compte qu'il y a quelque chose qui impacte énormément leur focus : ce sont les notifications. C'est en écoutant de nombreux leaders donner ce conseil que je l'ai appliqué moi-même : j'ai supprimé les notifications de mon téléphone. Pas de petit message sur l'écran éteint, pas de bandeau qui descend et encore moins de vibrations ou sonneries. Je ne veux être perturbée par rien.

Je n'aurai jamais pu écrire ce livre si je n'avais pas éteint toutes ces notifications.

La première chose à faire est d'enlever les sonneries et vibrations qui sont l'équivalent du téléphone qui sonne dans mon exemple précédent. La deuxième chose ensuite est d'enlever les messages et informations qui apparaissent car ces dernières vous enlèvent une partie de votre focus en occupant votre esprit en fond d'écran tant que vous n'y avez pas répondu. Une fois que vous avez fait tout ceci, vous n'êtes cependant toujours pas à l'abri de perturbations non consenties.

En effet, les applications ont toutes pour objectif de vous faire passer le plus de temps dessus. Et pour cela, elles ont encore des cordes à leurs arcs. Notamment il y a les "pastilles" ces petits chiffres rouges dans le coin supérieur droit de l'application qui vous indiquent combien de messages vous avez à lire. Ou encore il y a les messages qui s'accumulent dans le "centre de notifications" pour que vous les voyez même quand vous n'êtes pas en train d'utiliser l'application et ayez irrésistiblement envie d'ouvrir l'application.

J'utilise personnellement encore des pastilles. Mais j'essaie de les supprimer petit à petit, application par application. Malgré tout ceci mon temps d'écran moyen uniquement sur mon smartphone est entre 1h30 et 3h par jour. J'ai encore largement de quoi progresser moi-même. Consultez votre temps d'écran, et demandez-vous ce que vous avez appris ou fait pendant toutes ces heures. N'aurait-il pas été plus judicieux de lire un livre, ou même d'appeler un proche ?

Gestion des emails

Il était pour moi impensable d'aborder le sujet de la productivité sans aborder le sujet de la gestion des emails. J'en envoie et j'en reçois personnellement un grand nombre. Je les aime beaucoup car je les préfère souvent à un appel téléphonique et ils me permettent de garder une trace. Cependant les mails me prennent beaucoup de temps.

Le premier conseil absolument génial que j'ai eu sur les emails est de ne pas les consulter. Je le résumerais en deux sous-conseils :

1.   Lire moins de mails. Si vous recevez un email, lisez-le. Mais faîtes en sorte d'en recevoir le moins possible. Ai-je vraiment besoin d'être en copie de cet email ? Un très bon moyen de recevoir moins d'emails est aussi d'appliquer le second conseil.

2.   Ne pas consulter ses emails tout le temps. L'email est par définition un outil "asynchrone". Si l'on souhaite communiquer

en temps réel, on utilise le téléphone ou un système de messagerie. Sinon, le message pourra bien attendre. Ce conseil a un autre effet absolument génial, si vous mettez du temps à répondre quelqu'un répondra peut-être à votre place, et tant mieux. L'idéal est de se fixer un moment dans la journée où vous lisez vos emails. Pas plus. Cela vous prendra une heure ou deux maxi et vous évitera de nombreuses pertes de focus.

Ensuite, il y a plein de techniques pour rédiger de bons emails et obtenir des réponses claires et rapides. Il faut notamment soigner l'objet en indiquant clairement ce que vous attendez comme réponse et surtout pour quand (et oui grâce à cette bonne loi de Parkinson). Ensuite, une autre technique est de faire en sorte que si la personne ne répond pas vous avez quand même une réponse à votre question. Voici un exemple.

Début du mail :

"Nous avons la possibilité d'utiliser une blockchain publique ou une blockchain privée. En synthèse de nos précédentes discussions, je recommanderais cependant d'utiliser une blockchain publique qui sera plus robuste et nous coûtera moins cher car on pourra s'appuyer sur une infrastructure qui existe déjà. Vous trouverez ci-joint un document étayant ce point/"

Option 1 pour conclure :

"Pouvez-vous me confirmer que vous êtes d'accord avec ce choix en vue de préparer le lancement du projet dans deux semaines."

Option 2 pour conclure :

"Sauf contre-indication de votre part, nous allons donc préparer le lancement du projet dans deux semaines en partant sur l'idée d'une blockchain publique."

Dans les deux options, l'interlocuteur a la possibilité d'exprimer son opinion pour ou contre la décision de partir sur une blockchain publique. Cependant, dans le deuxième cas même en l'absence de réponse, on peut quand même avancer sur la préparation. Par ailleurs, comme c'est votre expertise qui va permettre de proposer cette solution technique, votre manager sera ravi de vous faire confiance.

"OK" / "Merci" / ... les "mini mails" qui souvent ne contiennent qu'un mot sont très utilisés par les tops managers et les décideurs. Utilisez-les vous aussi. Et d'ailleurs cela fonctionne très bien avec les mails bien écrit selon le conseil précédent. Cela fonctionne aussi très bien avec des mails informatifs, car ça permet d'indiquer qu'on a bien eu l'info et lu les pièces jointes. A utiliser donc sans modération, car ils ont aussi une très belle qualité des mails bien écrits : ils sont concis.

Réussite dans le numérique

Pour être encore plus "lean" vous pouvez et devez utiliser de nombreux outils digitaux. Je vais ici mettre l'accent sur quelques points que j'utilise personnellement, mais ce domaine, comme le domaine précédent de la productivité personnelle, fait l'objet de nombreux ouvrages et formations, cette vision n'est donc pas du tout exhaustive. Mon objectif ici est de vous initier à ces concepts pour qu'au moins vous sachiez qu'ils existent. Libre à vous ensuite d'aller plus loin si le cœur vous en dit.

- Les outils de productivité
- Les méthodes agiles
- Le framework AARRR
- Le lancement sans produit

Les outils de productivité

Je commence par cette catégorie car on vient justement de parler de productivité personnelle. Je vais ici mettre en avant des outils digitaux de productivité que j'utilise.

Pour moi, l'outil de productivité numéro 1 est la prise de note. D'autres vous mettront plutôt en avant les "to-do" listes, c'est à dire les listes de choses à faire. Mais personnellement, je gère mes to-do dans des notes. Je n'aime pas les outils de gestion de to-do bien que j'en ai testé quelques-uns.

J'utilise éventuellement des "rappels" sur mon iPhone mais je ne vais pas plus loin dans ces optimisations. Je vous conseille cependant de vous y intéresser et de tester ces outils car ils sont apparemment très performants pour certaines personnes et si vous en faîtes partie vous êtes sûrement chanceux.

Moi à vrai dire j'utilise uniquement la prise de note et j'essaie de la dématérialiser le plus possible. J'ai cependant toujours un carnet à portée de main pour le cas où je ne puisse pas prendre de notes sur mon ordinateur. Un carnet ça reste un très bon outil. Mais la version numérique est tellement plus puissante.

En effet j'utilise personnellement un outil qui me permet de classer mes notes à l'aide de hashtags. Je peux créer ainsi une arborescence et facilement retrouver toutes mes notes qui traite d'un même sujet. Cela va de tous ma prise de note en rendez-vous clients à la liste des séries TV que j'aimerais regarder en passant par le contenu de ce livre. Et l'outil que j'utilise est entièrement cloud, donc tout est copié sur un serveur, et il fonctionne avec une application iPhone ce qui me permet d'avoir toujours mes notes avec moi et de pouvoir les compléter quand je le souhaite. Cet outil s'appelle Bear. Je l'aime aussi particulièrement parce qu'il est très agréable pour taper du texte grâce à l'utilisation d'un format markdown, et parce que je peux exporter mes notes pour les partager en Word ou en PDF par exemple.

Il existe de nombreux outils de gestion du temps qui permettent de se calculer des temps de concentration vs des temps de pause par exemple. Personnellement, je me contente d'une montre, mais pas n'importe quelle montre, en l'occurrence une belle montre Ulysse Nardin cela va de soi.

En revanche, j'utilise beaucoup les agendas digitaux. Je les synchronise entre eux et je fais en sorte de tout mettre dessus. Ils sont pour moi un outil de productivité essentiel. Dans la catégorie gestion du temps, il existe aussi des outils permettant de faire de la gestion de projet qui peuvent être très utiles.

Ensuite, il y a la catégorie des outils plus spécifiques. Il y en a des tonnes, et j'ai d'ailleurs une note dans laquelle je m'en garde quelques-uns sous le coude. Dans cette note, j'ai par exemple un site qui permet de générer des cartes pour des sites web https://www.image-map.net/ ou encore un site qui fournit des templates de présentation PowerPoint esthétiques et efficaces https://www.showeet.com/fr/.

Bref, je ne vais pas tous vous les donner, mais quand vous avez besoin d'un outil, cherchez sur internet, demandez autour de vous et vous verrez que bien souvent cet outil existe déjà. Dans ce cas-là mon conseil est le suivant : notez-le dans un coin.

Les méthodes agiles

Dans les projets qui impliquent du développement on a souvent recours à des "méthodes agiles". L'idée principale reprend le concept de cycles d'innovations que j'ai expliqué plus haut. Plutôt que de faire de longs cycles où on passe par une longue phase de conception avant d'attaquer une très longue phase de développement puis de finir par une phase de test, on privilégie de faire de tout petits cycles d'une à trois semaines chacun.

Chaque petit cycle donne lieu à la fin à une revue de ce qui a été développé. L'idée c'est de construire la solution par petits bouts pour pouvoir tester chacun de ces petits bouts petit à petit plutôt que de tout tester à la fin. L'avantage de cette méthode c'est que d'un cycle à l'autre, on a la possibilité de changer d'avis par exemple sur ce que l'on va développer au cycle d'après ou comment. On est donc... plus agile !

Les méthodes agiles ont été référencées et caractérisées très précisément. On constitue dans certaines méthodes ce que l'on appelle des "squad" ou petites équipes, dans laquelle on désigne un "product owner" qui sera en charge de faire le lien entre le besoin fonctionnel et le développement, et qui seront animés par des "scrum masters" qui sont là pour suivre et répartir globalement l'avancement des tâches.

Dans chaque cycle, on a pour objectif de développer des fonctionnalités qui répondent à un besoin client et pour cela on subdivise le travail en micro tâches que l'on fait passer d'un statut à faire, à un statut ultime qui est "testé", après être passé par une ou plusieurs étapes intermédiaires.

Ce sera notamment le rôle du "product owner" ou de testeurs de tester les fonctionnalités développées.

L'objectif de ce mode de fonctionnement est d'avoir des groupes plus petits avec des objectifs plus courts, ce qui favorise notamment une bonne collaboration.

Ces méthodes semblent assez populaires, notamment dans les milieux startups. L'agilité qu'on en retire est très bénéfique dans le cadre de projets innovants comme décrits précédemment. Ces méthodes sont cependant parfois critiquées par les développeurs pour les raisons suivantes

- Le besoin étant moins bien défini à la base et pouvant évoluer en cours de route, il est possible que certains développements finissent jetés à la poubelle in fine
- Une partie significative des ressources est dédiée à mettre en place ce fonctionnement agile et parfois c'est du temps qui est demandé aux développeurs eux-mêmes
- Le principe du "scrum" peut être perçu comme du flicage, ou micro-management

Cependant, de mon expérience, la gestion des projets de développement est souvent difficile pour une raison qui est la gestion des développeurs eux-mêmes. Or, les méthodes agiles permettent justement de manager des développeurs.

Ces derniers sont des ressources rares et qualifiées qui ont parfois des comportements qui rappellent celui des joueurs de l'équipe de France lors de la Coupe du monde en Afrique du Sud. Pour défendre les développeurs - dont je fais partie moi-même - il faut dire aussi que le format de la journée de travail type n'est pas forcément adaptée à un exercice de codage. Coder 8h dans une journée c'est quasiment impossible, ou en tout cas je ne connais pas beaucoup de développeurs qui en font autant.

C'est un exercice intellectuel intense, qui demande pas mal de phases de repos et même de l'inspiration pour être créatif et trouver des solutions malines. Par ailleurs, un développeur trouvera peut-être un moyen de faire en 30 minutes ce qu'un autre, pourtant tout aussi qualifié, aurait fait en 2 jours. Peut-être que ce premier développeur aura justement trouvé un bon outil.

Ou encore, peut-être que l'architecture déjà en place dans le projet permettait de gagner ce temps. C'est pour cela que la gestion par "tâche" a du sens pour gérer des projets de développement et donc des développeurs.

Les méthodes agiles parce que justement elles permettent d'être au plus proche du besoin client sont finalement efficaces. Au moins on n'attend pas des mois avant de se rendre compte qu'on va dans la mauvaise direction.

Le framework AARRR

Il existe non pas un mais de nombreux moyens de faire progresser votre activité sur Internet. Un framework existe pour vous donner des idées de choses à faire quand vous n'en auriez plus. Faire appel à ce framework régulièrement peut donc vous aider à développer votre activité sur Internet. Ce framework s'appelle "AARRR".

Chacune de ces lettres correspond à une étape d'un cycle qui va vous permettre de générer des ventes.

1. Acquisition : D'où viennent vos clients ? Sont-ils venus sur votre site grâce à une publicité ou un article qui mentionnait votre service ?

2. Activation : Quand le client est sur votre page, qu'est-ce qui va faire qu'il va se mettre à utiliser votre site. Qu'est-ce qui va l'activer pour qu'il soit sur le point d'acheter un produit ou service ?

3. Revenue : Qu'est-ce que votre client dépense, quels revenus génèrent votre site ?

4. Return : Vos clients reviennent-ils pour consommer à nouveau vos produits et services ?

5. Referral : Les clients parlent-ils de votre service autour d'eux ? Comment améliorer ce paramètre ?

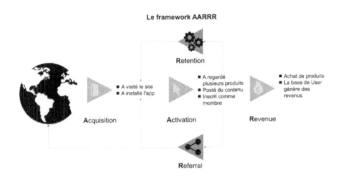

Pour chacune de ces étapes, il faudra identifier des indicateurs chiffrés qui vont vous permettre de mesurer à quel point chaque étape fonctionne de façon optimale. Vous pourrez ensuite mettre en place des mesures et voir si elles ont un impact positif sur ces indicateurs.

Je trouve ce framework très intéressant, j'ai d'ailleurs déjà proposé des formations sur le sujet. Ce que j'aime particulièrement c'est qu'il donne des idées pour regarder là où on n'aurait pas pensé à regarder à la base. Dans le cas d'un business en ligne comme on peut collecter beaucoup d'indicateurs, on a la possibilité d'optimiser à fond toutes ces étapes. Pour les profils analytiques comme moi c'est un vrai bonheur.

Le lancement sans produit

Une façon d'être encore plus "lean" c'est de faire un lancement sans produit. Votre but quand vous innovez, nous l'avons vu, c'est d'identifier le plus vite possible si votre offre répond à un besoin client.

Vous avez la possibilité de faire cela sans même créer le produit. Pour cela vous avez deux moyens :

1.   à la mano

2.   juste la pub

La technique que j'appelle "à la mano" consiste à faire les choses sans rien développer d'abord. Vous pouvez même aller jusqu'à tout simplement acheter un carnet et noter des choses dedans, ou faire cela en utilisant le logiciel Excel par exemple. Le concept "à la mano" on a tendance à l'oublier surtout quand on travaille dans une grosse organisation.

Mais quand on est développeur, on sait bien que c'est très pratique de faire d'abord les étapes à la main avant de les automatiser. En effet, quand on les fait soi-même à la main on comprend mieux ensuite ce que l'on va devoir développer. Ce principe peut même s'appliquer plus largement, pas seulement à du développement comme je vais vous le montrer dans l'exemple ci-dessous.

Exemple : Mettre en place un programme de retour en magasin

Supposons que vous soyez une marque de vêtement et que vous vouliez proposer à vos clients la possibilité de retourner leurs vieux vêtements de votre marque en magasin contre des bons d'achats. Si vous voulez tester à petite échelle d'abord, et vous auriez raison de le faire, vous allez sélectionner un magasin.

Puis vous allez contacter un petit nombre de clients pour leur proposer ce nouveau service. Ensuite, il va vous falloir gérer ces clients qui viennent et inscrire quelque part le fait qu'ils vous ont rapporté des vêtements. Le problème c'est qu'un outil de ce type, comme il gère de la donnée client, est considéré comme critique. Cela va donc être très compliqué à mettre en place. C'est là qu'une solution "à la mano" peut vous sauver des mois de mise en place de votre test. Vous achetez tout simplement un carnet que vous gardez en magasin et vous notez qui vous a laissé quoi. Ce carnet sera d'ailleurs une mine d'or pour développer l'outil futur car vous verrez bien à l'usage ce que vous notez dedans et ce qu'il faudra intégrer dans l'outil.

Une autre façon de tester une idée de façon très lean sans produit est de faire juste la pub. Je tiens à préciser ici que cette méthode peut être considérée comme illégale dans certains pays si vous vous en servez pour faire de la pub pour un produit que vous n'êtes pas en mesure de fournir.

L'idée ici est par exemple de créer un mini site vitrine qui présente un produit ou service. Sur ce site vous demandez aux personnes intéressées de vous laisser leur email. Ensuite, vous lancez une publicité pour mettre en avant ce site. Enfin vous comptez le nombre d'emails que vous avez récolté.

En fonction de ce nombre et de tous les autres indicateurs vous serez en mesure à coût minimal de dire si votre produit ou service a une chance de fonctionner.

Cette méthode remplace les études de marché qui peuvent être coûteuses et donne un résultat beaucoup plus probant. Il faut faire cependant attention à ne pas faire de la publicité mensongère, à vous de trouver donc la bonne formule pour recueillir des indicateurs pertinents.

Blockchain spécifique

Nous avons fait un tour détaillé de comment réussir à innover, nous allons désormais voir quelques éléments plus spécifiques à la réussite d'un projet blockchain.

Développer par couches

Comme nous l'avons vu précédemment une blockchain c'est par définition coûteux. La donnée, souvent transactionnelle, enregistrée dans la blockchain coûte cher, elle coûte notamment cher en énergie. Et c'est ce coût énergétique qui en garantit la sécurité.

Un moyen de mettre en place une solution qui utilise la blockchain est de développer par couche. L'idée est de créer des applicatifs qui utilisent la blockchain puis éventuellement des applicatifs qui utilisent ces applicatifs et ainsi de suite. Cela constitue des couches. Chaque couche doit accomplir une tâche simple et spécifique. Cette séparation des tâches à travers une séparation des couches est essentielle d'un point de vue de la sécurité et du fonctionnement.

Raison historique à l'utilisation de couches pour les protocoles de communication

Internet fonctionne selon ce modèle de couches. Il existe une théorie plus généralement utilisée en informatique qui décrit comment nos systèmes informatiques fonctionnent en couche pour communiquer, le modèle "OSI" pour International Organization for Standardisation, qui est devenu un standard ISO dans les années 80. Le modèle décrit 7 couches chacune ayant une fonction spécifique et permettant in fine à deux ordinateurs de communiquer entre eux. Sur chacune des couches s'applique un protocole qui permet de remplir une fonction bien précise.

Cette philosophie est au final assez proche de celle qui est utilisée pour l'Internet.

Voici un schéma qui décrit le standard OSI et sa correspondance en matière de protocoles utilisés pour Internet.

Le modèle OSI : un exemple d'architecture en couches

Modèle OSI	Couches	Fonction	Exemples de protocole Internet correspondant
	7. Application	Point d'accès aux services réseaux	
Couches hautes ou couches logicielles	6. Présentation	Gère le chiffrement et déchiffrement des données	Http, DNS
	5. Session	Gère les sessions entre les différentes applications	
	4. Transport	Connectabilité et contrôle de flux	Ports, TCP
Couches basse ou couches matérielles	3. Réseau	Adressage logique qui détermine le parcours des données	Adresses IP
	2. Liaison	Adressage physique	Adresses MAC
	1. Physique	Transmission des signaux analogiques ou numériques	

Cette approche par couche était loin de faire l'unanimité à ses débuts. Les opérateurs télécoms européens ont combattu l'émergence du standard OSI dans les années 70. Mais alors que l'on fermait la porte à ce standard, c'est en quelque sorte par la fenêtre qu'est finalement rentrée l'approche par couche grâce aux protocoles Internet... Les protocoles Internet devenant la norme (adoption par le réseau Arpanet en 1983) et utilisant eux-mêmes une approche par couche, cette dernière a fini par être acceptée et le modèle OSI est devenu un standard ISO en 1984.

Bitcoin, comme nous l'avons décrit précédemment, est un protocole. Le protocole Bitcoin ayant pour but de maintenir la même version de la blockchain Bitcoin sur l'ensemble du réseau. Comme il s'agit finalement d'un protocole de communication, adopter une approche par couches pour utiliser le protocole

Bitcoin semble faire du sens, en vertu des standards utilisés depuis les années 80.

Les plus sceptiques d'entre vous doivent cependant se demander pourquoi cette approche par couche a été adoptée pour les protocoles de communication. Nous avons vu la raison historique à cela, avec l'émergence du protocole Internet TCP/IP. Mais pourquoi ce protocole spécifiquement qui fonctionnait par couche a-t-il prévalu ? C'est une excellente question, car oui à l'époque d'autres alternatives étaient à l'étude.

Et cette question vaut le coup d'être posée car elle va nous permettre de comprendre en quoi une approche par couche est préférable dans le cas de protocoles de communication. Cela va donc étayer cette recommandation d'avoir une approche par couche pour vos projets blockchain.

Les avantages d'une approche par couche

Les alternatives au modèle OSI étaient notamment proposées par les opérateurs télécoms. La conséquence naturelle de cela est qu'ils proposaient des modèles qui pouvaient leur apporter un avantage et notamment maintenir leur position de monopole.

Les alternatives intégraient donc une forme de centralisation où l'opérateur avait un rôle clé. Cela se traduisait notamment par des protocoles complexes. Plus un protocole était complexe, moins il était probable que différents opérateurs puissent remplir cette fonction.

La définition d'un protocole complexe est un protocole qui remplit plusieurs fonctions. L'approche par couche a justement pour objectif de ségréguer ces fonctions dans des couches différentes. Chaque protocole de chaque couche et du coup "simple" dans le sens où il ne remplit qu'une seule fonction.

Remplir une unique fonction rend le protocole plus lisible, plus robuste et plus résilient dans le temps. Il est moins probable que ce protocole ait besoin d'évoluer s'il remplit une fonction simple. En revanche on pourra par exemple construire un nouveau protocole sur une couche supérieure si on veut faire évoluer l'usage. La lisibilité favorise également la robustesse de par la possibilité pour la communauté de contribuer et d'améliorer le protocole. Cela est similaire à ce que l'on constate avec l'approche open source.

L'approche par couche a également le considérable avantage d'être beaucoup plus évolutive. Cela est possible car les couches sont interopérables les unes par rapport aux autres. Un nouveau protocole pour une couche 3 pourrait très bien apparaître tant qu'il s'interface bien avec les couches 2 et 4. Si à l'inverse on avait un "fat" (pour gras en anglais) protocole qui remplissait toutes les fonctions de 2 à 4, cela demanderait une grosse transformation de ne changer que la fonction qui correspondait à 3. Cela constitue un frein à l'apparition d'un nouveau protocole et donc un avantage pour celui qui détient cet ancien protocole. C'est la raison pour laquelle les opérateurs télécoms étaient opposés à cette approche de couches simples.

Les couches simples sont également chacune, par définition, beaucoup plus simples à utiliser. Et finalement pendant que certains se creusaient la tête à concevoir le protocole de communication parfait, d'autres utilisaient déjà les protocoles TCP et IP qui ont donné naissance à Internet. Cette simplicité favorise l'adoption, or en matière de communication, l'adoption est un facteur clé de succès. Plus vous avez de machines qui utilisent un même protocole plus vous avez vous même envie d'utiliser ce protocole car vous pouvez communiquer avec plus de machines.

Bitcoin vs d'autres protocoles

L'approche par couches consiste donc à avoir des protocoles "simples" ne répondant qu'à une seule fonction.

Bitcoin répond bien à cette problématique car son protocole ne permet de faire qu'une fonction assez simple : transfert de Bitcoin de A à B. Les informations transactionnelles inscrites dans la blockchain Bitcoin sont assez limitées. Il n'y a d'ailleurs pas beaucoup de place d'un point de vue espace de stockage dans ces fameuses transactions.

Ethereum a voulu permettre de faire plus de choses en remplaçant ces simples transactions par des smart contracts. Les transactions sur Bitcoin sont en somme des smart contracts minimalistes. Avec les smart contracts sur Ethereum on peut faire plus de chose mais du coup le protocole Ethereum s'avère beaucoup plus "fat" ou complexe. Il est par conséquent beaucoup plus difficile à processer pour les ordinateurs et a grossit très vite en taille.

Ceci a une conséquence problématique : cela rend difficile et longue la mise en place d'un nœud Ethereum. C'est un problème d'un point de vue de la décentralisation et de la robustesse du réseau.

En vertu de l'approche par couche, Bitcoin est donc beaucoup plus lisible, robuste et résiliente dans le temps. Il favorise également l'interopérabilité et finalement l'évolutivité car il est aisé de construire des applications en couches supérieures. On les appelle d'ailleurs applications de layer 2 par rapport à Bitcoin. Bitcoin est d'ailleurs très largement adopté, représentant plus de 90% de la valeur des cryptomonnaies par exemple. Une preuve encore que la simplicité du protocole a favorisé l'adoption.

Dans le cas d'Ethereum la philosophie originelle était tout autre. Il s'agissait de fournir une infrastructure aux développements d'applications décentralisées qui tourneraient directement sur l'armature du réseau. L'idée d'application, et son langage le Solidity assez proche des langages de programmations du web, en ont fait une plateforme dédiée à des usages pour les utilisateurs finaux et finalement très adoptée par des développeurs web.

Cependant, Ethereum se heurte à d'importants problèmes de scalabilité et malgré tout une grande difficulté à faire évoluer le protocole, la version d'Ethereum 2.0 tardant à être mise en place.

Être agnostique

En lisant la section précédente, on pourrait penser que je prône l'utilisation de Bitcoin. En l'état actuel des choses et en vertu des bénéfices de l'approche par couche, c'est vrai. On pourrait dire en cela que je suis "maximaliste", c'est ainsi que l'on nomme dans la communauté les pros Bitcoin. Pourtant je vais vous donner ici un conseil que je m'applique en réalité à moi-même et que je mets en place dans chacun de mes projets : être agnostique.

Par agnostique j'entends être ouvert et ne pas considérer qu'il y a de vérité absolue. L'agnosticisme est en général utilisé lorsque l'on parle de la croyance en Dieu. Un agnostique ne dit pas qu'il croit en Dieu ou qu'il n'y croit pas, il dit simplement qu'il n'a pas assez d'éléments pour se prononcer sur l'existence de Dieu.

C'est important d'être agnostique en matière de projets blockchain à deux titres :

- Lorsque l'on choisit une solution blockchain
- Lorsque l'on met en place une architecture incluant une solution blockchain

Choix agnostique

Quand vous avez identifié un cas d'usage pertinent et que vous vous êtes décidé à lancer un projet blockchain, vous allez être amené à vous poser la question : Quelle blockchain choisir ? A ce moment-là vous aurez de nombreuses possibilités ainsi qu'elles ont notamment été décrites dans le début du livre. Vous pourriez avoir des a priori forts et ne pas consacrer de temps à investiguer diverses possibilités. Je recommanderais cependant de ne pas avoir cette approche. Pourquoi ? En voici les principales raisons :

1.   La technologie évolue très vite. Si vous aviez une vision exhaustive des possibilités à un instant t, vous n'auriez plus une vision exhaustive un instant t+1. De nouveaux protocoles émergent à une vitesse rapide. Chaque protocole a ses spécificités et son adoption. Il faut donc très régulièrement se mettre à jour.

2. Les cas d'usage de la technologie évoluent eux aussi très vite. Quand bien même vous auriez une bonne vision des protocoles existants vous ne sauriez pas s'ils sont adaptés à votre cas d'usage. Le fait que cette technologie existe depuis seulement 2008 et soit connue du grand public depuis environ 2017 fait que peu de tentatives d'utilisation ont eu lieu. Si on s'en réfère à la bien connue loi de diffusion de l'innovation, en 2020 nous n'en sommes qu'aux stades innovateurs ou premiers adoptants. Cette courbe d'Everett Roger montre comment de nouveaux produits sont adoptés dans la population générale.

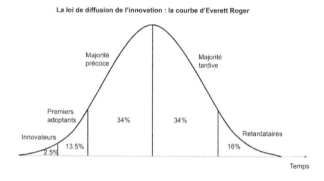

3. Exhaustivité inatteignable. Par ailleurs une autre raison d'être agnostique est qu'il y a tellement d'options possibles qui existent qu'il est très peu probable que vous les connaissiez toutes. Le monde entier travaille à développer de nouveaux protocoles, et même les chercheurs les plus assidus n'en ont pas une vision exhaustive. Un très bon exemple de cela ce sont les places de marché, ou encore l'outil Ledger pour garder des

cryptomonnaies : seulement quelques cryptomonnaies sont disponibles sur l'un et l'autre.

En pratique il n'est certes pas nécessaire de faire un audit complet de toutes les solutions possibles, il vous suffit d'en trouver une bonne. Je recommande cependant de faire de la veille régulièrement, notamment en étant présent dans les communautés blockchain partout dans le monde, en allant à des conférences et bien sûr en se documentant sur Internet. Twitter est connu pour être une bonne source d'actualité blockchain, et il existe de nombreux médias, francophones par exemple, qui traitent de l'actualité dans la blockchain.

Architecture agnostique

Au-delà du fait de faire un choix agnostique, il est, selon moi, très important de développer votre projet également de façon agnostique. Ce que j'entends par là c'est que vous conceviez l'architecture de votre projet de sorte à pouvoir facilement un jour changer de solution blockchain.

Prenons un exemple. Supposons que dans 2 ans une nouvelle blockchain devient majoritaire et largement utilisée pour faire de l'ancrage de données, remplaçant ainsi Bitcoin. Vous ne voudriez pas avoir à redévelopper entièrement votre solution 2 ans après et vous souhaiteriez également que votre ancienne solution soit compatible avec la nouvelle.

Une solution va consister à développer... par couches. Les lecteurs les plus attentifs auront deviné ce point. Il faut également anticiper les problématiques de compatibilité et pour cela ma recommandation est d'utiliser autant que possible des standards open sources. Ces standards sont souvent conçus pour favoriser l'interopérabilité. Ils vous faciliteront ainsi les migrations vers d'autres technologies.

Vous noterez que ces conseils vont à contre-courant de ce que proposent les grandes sociétés d'informatiques comme Microsoft ou IBM. Si vous êtes une entreprise et que vous avez été contacté par eux pour un projet blockchain, je suite prête à parier qu'ils vous ont proposé de développer un protocole sur mesure pour votre besoin, d'en faire du code propriétaire et de l'héberger vous-même, idéalement via leurs services clouds.

Cela a l'inconvénient majeur de vous enfermer dans une solution dont il vous sera bien plus difficile de sortir ensuite. Le cas d'usage étant inscrit dans le code du protocole blockchain lui-même : votre solution ne sera pas agnostique. En faisant du code propriétaire, vous réduisez vos opportunités d'interopérabilité car très souvent vous créez vos propres standards plutôt que d'utiliser ceux qui existent sur le marché, ou du moins vous modifiez des standards du marché pour en faire vos propres "standards". Ils n'ont du coup plus rien de "standard" puisqu'il n'y a plus que vous qui les utilisez.

Quant à l'hébergement chez vous, au-delà du fait que ça réduise l'intérêt d'utiliser une blockchain à celui d'utiliser une base de données centralisée, cela peut s'avérer très coûteux. En effet au lieu de stocker votre information dans un endroit, éventuellement répliqué par sécurité, vous allez stocker la même information dans de très nombreux serveurs. Ce qui va ravir vos fournisseurs de serveurs clouds qui sont justement ces mêmes grandes sociétés d'informatique.

Implication des différentes parties

Comme nous l'avons vu un des concepts clés en blockchain est la décentralisation. Certains projets blockchain ont même pour but de retirer le pouvoir à un organe central afin de le répartir sur plusieurs autres entités. Dans ce cas il est impensable de ne pas concevoir le projet en coordination avec ces différentes parties.

Cette problématique concerne les projets de blockchain de consortium. Ces projets sont, selon moi, les seuls pour lesquels une approche "privée" peut avoir du sens. En effet, si vous souhaitez mettre en place une blockchain privée et non permissionnée mais que vous êtes seul cela ne peut pas fonctionner. En effet car si vous êtes le seul maître de la blockchain vous aurez toujours la possibilité de modifier l'information qui y est inscrite, enlevant là tout l'intérêt d'utiliser une blockchain.

L'intérêt de mettre en place un consortium va être de vous rendre mutuellement dépendant. Chaque membre du consortium en plus constituera une nouvelle contrainte empêchant de pouvoir modifier les informations à sa guise. Plus il y a de membres, c'est à dire plus la décentralisation sera forte, plus votre donnée aura une valeur "inéluctable".

La décentralisation ne dépend pas seulement du nombre de membres dans votre consortium. Il faut aussi que ces membres ne puissent pas se mettre d'accord pour falsifier l'information que l'un d'eux souhaiterait falsifier. Pour cela idéalement les membres doivent avoir des intérêts contradictoires, voire encore mieux, ne même pas se connaître et pouvoir se contacter. Ce dernier point est justement une des forces des blockchains publiques comme Bitcoin.

En pratique cette idée même de consortium pour fournir de la décentralisation pose une contradiction. Dans le cadre d'un consortium, les membres ont des relations d'affaires les uns avec les autres. Dans le cas des projets logistiques ils ont souvent des relations d'acheteurs à fournisseurs. Ces relations leur donnent l'occasion d'échanger et donc de se mettre d'accord.

Quand bien même les membres seraient des concurrents, comme dans le cas du consortium Aura de LVMH, ils pourraient se mettre d'accord. Et c'est justement ce qu'ils font... quand ils mettent en place le consortium blockchain. S'ils ont pu se mettre d'accord pour constituer le consortium, ils pourraient tout à fait se mettre d'accord pour modifier une information qui a été enregistrée dans la blockchain.

Cela serait d'autant plus facile qu'ils peuvent le faire de façon cachée quand la blockchain est justement privée.

Doit-on par conséquent jeter aux orties tous les projets de consortium ? Certainement pas, car cette volonté de distribuer le pouvoir sur la donnée est tout de même louable. La force de cette contrainte est certes limitée, mais c'est déjà beaucoup plus engageant pour les membres que de se contenter d'une base de données centralisée. Via un consortium, chaque membre confie à ses pairs la responsabilité de l'intégrité de l'information. Ces consortiums renforcent ainsi les relations d'affaires existantes entre les parties.

Tout ceci n'est vrai cependant que si les parties sont correctement impliquées. Il leur faut pour cela à chacune être impliquée technologiquement, en hébergeant notamment un nœud et en participant au consensus, mais également humainement.

Les différentes parties doivent avoir dans leur rang des talents blockchains en mesure de prendre part aux discussions techniques et de gouvernance. Ce dernier point est absolument crucial pour que le consortium ait du sens. Sinon il ne s'agirait que d'une plateforme imposée par un des membres aux autres, et détruirait ainsi tout l'intérêt de l'utilisation d'une blockchain, la décentralisation.

12. EPILOGUE

Nous voici à la fin de cet ouvrage. Félicitations chez lecteur d'en être là. Cela démontre votre ténacité et votre curiosité, deux qualités essentielles du pirate des temps modernes : l'innovateur.

La blockchain est un sujet complexe, tant par la multitude des opportunités qui existent aujourd'hui que par la difficulté technique à surmonter pour comprendre de quoi il s'agit. Ce livre constitue, je l'espère, une aide précieuse sur ces deux plans.

La prochaine étape, qui a peut-être déjà été engagée pour certains d'entre vous, est de passer à l'action. Et ce pour deux raisons. La première est que cela est nécessaire pour intégrer les concepts abordés. La deuxième est que c'est le seul moyen pour vous d'avoir un retour sur investissement de cette lecture.

Pour cela, je ne saurais que vous recommander de mettre le pied à l'étrier en achetant du Bitcoin, si ce n'est pas déjà fait. Je ne vous donne pas seulement ce conseil pour m'assurer que vous ayez un bon retour sur investissement de cette lecture. Car oui, je suis personnellement convaincue qu'acheter du Bitcoin est à l'époque où j'écris ce livre en 2020, un bon investissement.

Je ne vous conseille d'ailleurs pas de mettre plus d'argent que vous ne pourriez-vous permettre d'en perdre dans Bitcoin. C'est un investissement extrêmement risqué et spéculatif. Je vous conseille simplement d'en acheter, au moins un tout petit peu, peut-être l'équivalent de ce que vous avez dépensé pour acheter ce livre.

L'essentiel est que vous testiez vous-même pour comprendre ce qu'est un wallet et pourquoi cela permet aux individus d'être réellement propriétaire de leurs fonds. Et si vous devenez un mordu comme moi et des centaines de milliers d'autres personnes sur terre, tant mieux.

Au-delà de ce conseil qui peut paraître anecdotique, j'aimerais vous donner un autre conseil, bien plus général : faîtes-vous aider. Cela est vrai dans la vie, et dans la blockchain aussi.

J'ai moi-même ma propre entreprise de conseil en blockchain car je veux justement consacrer du temps à ceux qui n'en ont pas assez pour être expert eux-mêmes. J'exerce ce métier avec passion car il me permet d'être en accord avec mes valeurs :

- Vérité / honnêteté
- Remise en question de l'ordre établi
- Partager ses intérêts avec ceux de ses clients

Je vais profiter de ces dernières lignes pour vous en dire un peu plus sur mon activité et mon histoire avec la blockchain.

A. Mon activité et mon histoire avec la blockchain

Ma vision

Ma vision est que la blockchain sert à renforcer la confiance entre les humains en leur fournissant une base d'information inaltérable. Je crois que plus de confiance contribue au progrès.

Je crois que demain les preuves numériques, notamment celles garanties par des blockchains, seront omniprésentes aussi bien pour les entreprises que pour les individus. Avec Blockchain Solutions, j'accompagne les entreprises pour qu'elles anticipent ce changement et commencent dès aujourd'hui à utiliser la blockchain pour renforcer la confiance de leurs clients et de leurs partenaires.

Je suis également convaincue qu'investir dans Bitcoin et les cryptomonnaies en général peut être très profitable et je trouve fabuleux que ces investissements soient accessibles à tous. Cependant, ce sont des classes d'actifs très volatils, le prix pouvant s'effondrer parfois de 90% en quelques jours.

Or tenter de faire du trading par soi-même, c'est à dire effectuer des achats-ventes au bon moment est très périlleux, et se solde en général par de lourdes pertes pour les non professionnels. Or, il existe justement un trader extrêmement talentueux, Mathieu Jamar, qui propose via sa société de gestion de crypto actifs "DCY" d'effectuer ce trading pour vous via des algorithmes.

Je suis tellement convaincue par la solution qu'aujourd'hui j'ai désormais rejoint l'équipe et contribue au développement de DCY.

Comment tout a commencé

J'ai découvert la blockchain par hasard. En 2017 j'ai emménagé dans une petite rue du Sentier à Paris, au-dessus d'un bar qui s'appelle le Sof bar et où une fois par mois se retrouve la communauté des fans de Bitcoin de Paris.

En fin d'année 2017 comme la blockchain buzzait, ce rendez-vous mensuel d'une dizaine d'habitués est devenu un rendez-vous avec 200, 300 personnes dans la rue… en bas de chez moi. Je ne comprenais pas ce qu'il se passait, alors je suis descendue. C'est là que j'ai entendu parler de Bitcoin pour la première fois.

Depuis lors, cela a complètement bouleversé ma vie, c'est même devenu mon métier. Il faut dire que j'étais un terrain fertile pour comprendre Bitcoin et les enjeux économiques y afférent ayant fait des études de mathématiques financières (Centrale et Columbia University à New York) et 4 années de conseil en stratégies auprès de directions d'entreprises.

Quand j'ai découvert ce concept d'une monnaie qui ne dépend d'aucun État et qui repose sur un algorithme, j'ai plongé dans le trou du lapin.

C'est également dans ce bar que j'ai rencontré Pierre Porthaux qui avait créé Blockchain Solutions. Il faisait partie de ces "anciens", des plus éminents experts francophones du sujet, et il m'a initié. En quelques mois, ma passion est devenue un métier lorsque je suis devenue consultante blockchain pour un grand groupe de luxe français. Quelques mois après, j'expliquais la blockchain aux CEO des marques du groupe, et aux actionnaires majoritaires. Deux ans après, je me joins à l'aventure Blockchain Solutions et en devient présidente.

Je fais désormais partie de cette communauté qui fréquente le Sof bar, je suis l'une de ces geeks, et grâce à Bitcoin je me suis fait des amis extraordinaires. Cette communauté a ceci de fabuleux, c'est qu'elle est très variée. Vu de loin on pourrait dire le contraire car on a l'impression de ne voir que des mâles blancs de 25 à 40 ans. Mais vu de près, la réalité est toute autre tant les parcours et les compétences des uns et des autres sont variés.

Les difficultés que j'ai rencontrées

Les marchés

Après le boom des marchés crypto fin 2017, a eu lieu un terrible crash. Les valeurs crypto se sont effondrées de 90% et nous sommes entrés dans ce que l'on appelle l' "hiver crypto". Ces mouvements de marché sont courants en ce qui concerne la blockchain et sont préjudiciables à l'activité de conseil en blockchain dans les deux cas :

- Quand les marchés sont bas : la perception de la technologie auprès du grand public se détériore et de nombreux investisseurs ont perdus beaucoup d'argent. Les entreprises sont moins nombreuses à lancer de nouveaux projets ou à se former.
- Marchés hauts : de très nombreux projets et startups blockchains émergent et profitent du buzz pour solliciter fortement les entreprises. Certaines entreprises sont prêtes à accorder leur confiance plus facilement pour être sûres de ne pas passer à côté d'une opportunité. Cependant, parmi la multitude de ces nombreux projets, il y a de nombreuses mauvaises idées voire pire, de nombreuses arnaques. Lorsque ceux qui en ont été victimes s'en rendent comptent la porte se referme y compris sur ceux, comme nous, qui pouvaient proposer des offres blockchain à réelles valeurs ajoutées.

Les puissants

Certains géants de l'informatique se sont engouffrés dans la brèche ouverte par le buzz blockchain. Ils y ont vu une belle opportunité de vendre du cloud et du conseil. Ces mêmes géants ont leurs entrées dans les grands groupes qui sont rassurés par leur réputation. Cependant, ils ont proposé bien souvent des solutions qui n'avaient pas grand intérêt d'un point de vue blockchain voire qui étaient en franche contradiction avec des principes blockchain.

Manque d'ouverture et d'interopérabilité, données gardées privées, contrôle non décentralisé sont autant de critères qui font douter de l'intérêt de ces solutions. Cependant, comment porter une voix contraire lorsque l'on est une petite société indépendante, qui plus est une jeune femme d'à peine 30 ans ? Ça a été mon combat quasiment quotidien depuis que j'exerce ce métier, j'ai dû le mener avec subtilité et surtout beaucoup d'humilité.

Mais je suis aujourd'hui très heureuse d'avoir réussi auprès de mes clients à pousser des approches réellement agnostiques et souvent beaucoup moins coûteuses.

Les profiteurs

Au-delà des géants, j'ai dû également me confronter à la multitude de ceux que j'appellerais les "profiteurs", ceux qui ont surfé sur la vague du buzz blockchain avec brio grâce à leurs talents de startupers. Bien sûr il y a parmi eux d'excellents projets, menés par des personnalités talentueuses.

Mais le problème c'est qu'ils sont noyés dans un flot continu de projets aux mieux mauvais et au pire malhonnêtes. Ce phénomène a été exacerbé par les ICO laissant place à une "réalité désenchantée". Séparer le bon grain de l'ivraie fait partie de mes principales missions.

Mes plus grand succès

Malgré ces difficultés, j'ai tout de même réussi à mener un projet à bien de grande envergure avec la marque Ulysse Nardin dans le cadre de ma mission pour un grand groupe de luxe français.

Le secteur des montres de luxe a été un des premiers à s'intéresser aux opportunités qu'offrait la blockchain. Des startups ont proposé leurs services, et quelques marques se sont jetées à l'eau pour tenter des expérimentations. Mais c'est la marque de montre confidentielle et très haut de gamme Ulysse Nardin qui a pris de court toutes les autres en lançant pour le monde entier et pour tous ses modèles un certificat utilisant la blockchain, et ce dès le mois de novembre 2019.

Comment était-ce possible ? Grâce à une approche simple et pragmatique : s'appuyer sur une blockchain et un protocole qui existe déjà plutôt que d'en développer un. La mise en place de cette solution a ainsi été moins coûteuse et plus robuste, la blockchain utilisée étant Bitcoin qui fonctionne depuis déjà 12 ans. Elle apporte également un réel gage de confiance supplémentaire pour les clients car elle constitue une base d'information que la marque elle-même ne peut pas compromettre.

Ce projet a reçu des échos positifs dans la presse du monde entier et a été sélectionné comme finaliste d'un concours d'innovation. Mais le succès de ce projet - ce pourquoi cette solution est toujours en place au moment où j'écris ce livre - réside dans la satisfaction que cette solution apporte aux clients qui sont très heureux de disposer d'un tel certificat numérique inaltérable associé à leur montre Ulysse Nardin.

Plus récemment dans le cadre de mon implication avec DCY, je suis très honorée d'avoir signé quelques-unes des plus grosses fortunes crypto francophones. Ce sont des entrepreneurs extraordinaires, et leur confiance dans notre solution présage d'un très bel avenir pour notre jeune société.

J'espère que ces exemples ainsi que les nombreux conseils de cet ouvrage vous inspirerons pour tenter l'aventure blockchain. Car il s'agit bien d'une aventure. Nous naviguons en eaux troubles et devons éviter aussi bien les navires de guerres que les séduisantes sirènes. Mais nous avons une direction, celle de contribuer à un nouvel ordre mondial et nos voiles sont gonflées du vent de la liberté.

B. Nouvel ordre mondial

A la base de l'histoire de la blockchain, il y a un projet commun. Des individus ont souhaité devenir plus libre, s'affranchir du carcan des États tout en étant capables de mieux collaborer. On pourrait d'ailleurs voir cela comme quelque chose de paradoxal : se défaire du joug de l'État pour se créer une interdépendance entre individus qui ne se connaissent même pas.

Bitcoin est la monnaie d'un "nouvel ordre imaginaire", pour reprendre l'expression de l'auteur de Sapiens, Yuval Noah Harari. Sa définition d'une monnaie est d'ailleurs parfaitement applicable à Bitcoin :

Tandis que la religion nous demande de croire à quelque chose, la monnaie nous demande de croire que d'autres croient à quelque chose.

Selon l'auteur, la monnaie est l'un des plus puissants moyens d'unifier l'humanité. Des peuples aux cultures et religions différentes ont depuis très longtemps accepté des monnaies issues pourtant d'autres cultures. L'argent met tout le monde d'accord indépendamment des religions et des États. Bitcoin est en ce sens la monnaie ultime tant il est universaliste. Il l'est intrinsèquement ne serait-ce que parce que le réseau est non permissionné.

Ce "nouvel ordre imaginaire" ne date pas d'hier. J'emploie le terme "nouveau" car il est "nouveau" par rapport aux gouvernances de la monnaie actuellement en place. Ce "nouvel ordre imaginaire" peut être rattaché à une vision du monde libertarienne. Cette vision prend ses racines dans les concepts de libertés fondamentales telles qu'exprimées par exemple à l'époque des Lumières en France. Mais elle va beaucoup plus loin, en prônant une forme d'anarchisme, au sens d'un monde sans ou avec moins d'État.

Ceux qui adhèrent à cet ordre imaginaire pensent que les êtres humains sont plus libres et prospères s'ils interagissent directement entre eux sans dépendre d'États. Bitcoin est l'accomplissement du rêve de crypto anarchistes. La blockchain en permettant de résoudre le problème de la double dépense a permis la création d'une toute nouvelle monnaie qui ne dépend plus d'un organe central.

Certains crypto anarchistes n'apprécieront peut-être pas que je parle de "nouvel ordre imaginaire" ou encore de "nouvel ordre mondial". Car c'est admettre qu'il y a une forme d'ordre alors qu'on cherche justement à s'absoudre de l'"ordre" imposé par les États. Cela est pourtant une réalité car c'est bien grâce aux efforts coordonnés d'un groupe de personnes que Bitcoin existe. On est donc dans le cas où un ordre en remplace un autre. En l'occurrence un ordre libertaire qui vise à remplacer celui des États et entités supra nationales qui émettent traditionnellement la monnaie.

Ceci est pour moi symptomatique de l'émergence d'un nouvel ordre mondial, que l'on observait déjà par une culture et des relations d'affaires toujours plus mondialisés. L'auteur de Sapiens soulignait d'ailleurs dans son ouvrage le fait qu'on ne peut pas se défaire d'un ordre imaginaire, mais simplement le remplacer par un autre. Sapiens va ainsi d'une prison mentale à une autre, idéalement plus large.

ANNEXE 1 : REMERCIEMENTS

Je tiens à remercier en tout premier lieu la communauté Bitcoin que j'ai rencontré en France, celle des Bitcoins Meetups, du Cercle du Coin ou encore de France Bitcoin, qui sont mes amis aujourd'hui. Dans notre communauté, nous savons que l'anonymat est garante de la liberté des individus, je ne nommerai donc personne ici mais ils se reconnaîtront.

Je souhaiterais remercier Amélie Lemoine, ainsi que tous les interlocuteurs que j'ai eu la chance d'avoir au sein des marques et du groupe de luxe français pour lequel j'ai officié. Ils ont tous su faire preuve de l'intelligence et de l'audace nécessaires à la mise en œuvre de projets blockchain.

Je remercie également ma famille, mes amis, mes coachs, professeurs et managers qui m'ont donné la confiance et les outils pour aller toujours un cran plus loin dans ma compréhension du monde.

Enfin, merci à la chance d'avoir croisé si souvent ma route.

ANNEXE 2 : SOCIOLOGIE BITCOIN

Tous les premiers mercredi du mois se tiennent à Paris le Social Meetup Bitcoin. C'est là que j'ai découvert la blockchain, et que je me suis fait des amis exceptionnels. Pour leur rendre hommage, voici un florilège de quelques brèves que l'on aurait pu entendre lors de ces soirées.

- Vous connaissez une agence de voyage qui accepte les bitcoins ?
- Non, mais je peux t'en créer une si tu veux.

- Quelqu'un ici fait un peu de front, du React par exemple ? (Silence)
- On se voit le mois prochain ?
- Mmm, non désolé je pars vivre en Andorre.

- C'est quoi cette vieille carte à puce au-dessus du bar ?
- C'est un des premiers prototypes de Ledger.
- Ah bon t'es sûr ?
- Oui, c'est moi qui l'ai faite.

- Shitcoiner !

- T'as enlevé le cours de Bitcoin du projecteur?
- Oui y'a un match de l'OM ce soir.

- N'oubliez pas la semaine prochaine le Meetup des crypto-anars à Montreuil les gars

- Fish and Chips ?

- T'inquiète tu peux lui parler c'est un maximaliste lui.

- Tu savais qu'il y a des gens qui minent des clés privées ?
- What the fuck ?!
- Ben justement parce qu'il y a des gens qui utilisent whathefuck en clé privée

- 99€ Par mois ton coworking, wow c'est pas cher ! Il est où ?
- C'est un bar rue Saint Martin.

- C'est qui lui ? On ne l'a jamais vu avant.
- Je ne sais pas mais il y a écrit "Quantum blockchain" sur son t-shirt…
- Ah ben c'est pour ça alors, c'est un scammer qui s'est perdu.
- Comment t'as fait pour faire décoller ta marketplace ?
- J'ai accepté les Dogecoins.
- Ouch.

- Oh regardez, des nouveaux !
- On voit que les cours ont bien remontés…

ANNEXE 3 : SIGNATURE

Ce manuscrit a été rédigé par Isabelle Bonnet, née le 15 novembre 1989 à Montpellier en France.

Sa première version a été achevée le 6 octobre 2020 et a fait l'objet d'une signature électronique sur Bitcoin par la solution Woleet Sign ce même jour. Des versions successives ont ensuite été protégées de la même façon ultérieurement.

La validité de cette signature peut être vérifiée sur le site btcproof.info ou sur tout autre service en ligne reposant sur Bitcoin et le même standard open source.

Printed in Great Britain
by Amazon